Wilhelm Hamm

Lust, Lob und Trost der edlen Landwirtschaft

Wilhelm Hamm

Lust, Lob und Trost der edlen Landwirtschaft

ISBN/EAN: 9783744636964

Hergestellt in Europa, USA, Kanada, Australien, Japan

Cover: Foto ©Andreas Hilbeck / pixelio.de

Weitere Bücher finden Sie auf **www.hansebooks.com**

Lust, Lob und Trost
der edlen Landwirthschaft.

Lieder- und Lebensbuch

für den

Landwirth

in einer Auswahl von deutschen Gedichten.

Gesammelt und herausgegeben

von

Dr. Wilhelm Hamm.

Frankfurt a. M.

J. D. Sauerländer's Verlag.

1862.

Druck von J. D. Sauerländer.

Den Studirenden

der landwirthschaftlichen Lehranstalten,

den

Zöglingen der Ackerbauschulen,

allen jungen Landwirthen Deutschlands

gewidmet.

Ihr, die Ihr noch auf frischen, leichten Sohlen,
Im Morgenschein des jungen Tages geht,
Und freien, heitern Blickes, unverhohlen
Der Zukunft in das dunkle Auge seht —
Euch sei der heilige Odem anbefohlen,
Der auch durch Eure Saat und Ernte weht:
Des Geistes Hauch, der auf gewaltigen Schwingen
Allmälig wird die ganze Welt durchdringen!

Ihr seid berufen, treulich ihn zu pflegen
In reinem Herzen, das zum Altar er
Erlesen sich, und muthig allerwegen
Sein heilig' Banner über Land und Meer

Zu tragen — Ihr sollt wachen Auges hegen
Den Tempel der Cultur in tapf'rer Wehr,
Dieweil der Väter Arm vielleicht die Stärke
Nicht mehr besitzt zum großen Fortschrittswerke.

An Euch vor Allen ist es, da das Grauen
Des Nebels flieht im frischen Morgenwehn,
Der Landwirthschaft ein neues Reich zu bauen,
Wie es die Welt bisher noch nicht gesehn.
Mit Vorsicht werdet Ihr, doch mit Vertrauen,
Die spärlich noch erhellten Pfade gehn,
Um Eueres Lebens Aufgab' zu erfüllen:
Den Reichthum der Natur ganz zu enthüllen.

Drum auf und pflanzt die Fahne besserer Zeiten,
Mit ernstem Geist und mit der Kenntniß Muth!
Wo diese frische Jugendkraft begleiten,
Da wird das Werk, das sie vollbringen, gut.
Wohl ist es werth, zu müh'n sich und zu streiten,
Wo noch so Herrliches und Großes ruht
Verborgen in dem tiefen Schooß der Erde —
Ruft mit der Wissenschaft dem Licht zu: Werde!

Alexander Neidthardt.

Vorbericht.

Diese Sammlung möge für sich selber reden. Sie möge ein Zeugniß dafür ablegen, daß auch eine andere Auffassung der Landwirthschaft möglich ist, als diejenige, die sich gerade in der realistischen Periode unserer Zeit so breit geltend macht. Zeigen möge sie, was und wie die großen Geister unserer Nation über den Stand und die Beschäftigung des Landmannes gedacht und gesprochen haben, Stolz und Liebe zu demselben erwecken, das Selbstgefühl aller derer heben, die sich ihm gewidmet haben. Kein anderes Fach der menschlichen Thätigkeit unter allen Nationen kann sich bis heute einer derartigen Sammlung rühmen.

Sie hat aber noch einen anderen, näheren Zweck. Sie soll dem Landwirth, dem jungen, wie dem erfahrenen, in trüben Stunden, wie jeder Beruf sie bringt, zum Trost und zur Erhebung dienen; er wird wenige Seiten darin aufschlagen, welche nicht diese Aufgabe oder die leichtere der Erheiterung vollbringen werden.

Aus dem Munde der Dichtkunst fließt die gute Lehre weit geschmeidiger, hört sich viel angenehmer, wie von dem strengen Katheder herab. Die goldenen Samenkörner, welche so zahlreich in diesen Poesieen ausgestreut liegen, werden nicht verfehlen, Keim und Wurzel zu schlagen in den Gemüthern von Alt und Jung, Mann und Weib, von Jedermann, dessen Inneres noch empfänglich ist für das Edle und Schöne. Daher darf wohl die Hoffnung ausgesprochen werden, daß dies Buch in Schulen und Vereinen, im Familienkreise, wie auf dem Tisch des Einzelnen — eine freundliche Stätte finden werde, wie seine Lehren in den Herzen.

Man würde irren, wollte man annehmen, diese Sammlung sei eine leichte Sache gewesen. Es hat zwölf Jahre bedurft, um sie zusammen zu bringen; fast alle Dichter des deutschen Volkes sind zu ihrem Behufe durchgegangen worden, und es war oft schon ein Glück, wenn von zehn derselben eine einzige schmale Ausbeute gewonnen wurde; aber auch diese mußte häufig nach besserem Bedenken wieder verworfen werden. Dagegen gaben einzelne Poeten eine um so reichlichere Auswahl, der ehrwürdige Brockes, der sinnige Rückert, der mannhafte Voß in erster Reihe. Vielleicht werden Manche um die Auslese mit mir rechten, etwa den Brockes für veraltet, zopfig, frömmelnd erklären. Dem aber möchte ich widersprechen. Mit Absicht und Willen habe ich eine größere Zahl seiner Dichtungen in diese Sammlung aufgenommen; ich hätte noch dreimal mehr Gutes und Passendes aus der Bändezahl dieses fruchtbarsten aller Poeten schöpfen gekonnt, wenn ich nicht hätte fürchten müssen, den Leser zu ermüden, und deßhalb doppelt sorgsame Sichtung übte. Und wenn auch zum Theil veraltet, so werden die poetischen Werke von Brockes doch ewig ihren Werth behalten; es waltet in ihnen eine so sinnige und wunderbar genaue Naturbetrachtung, er erblickt und entwickelt so schön aus dem Kleinsten das Große, seine Liebe zu allen Wesen ist so warm und treu, sein Gottvertrauen, die religiöse Weihe, die er über jeden Gegenstand, den er behandelt, auszugießen weiß, so erhebend — daß ein jedes empfängliche Gemüth sich rasch mit ihm befreunden und ihn lieb gewinnen wird. Ich habe mich daher auch nur selten entschließen können, an den von ihm mitgetheilten Gesängen zu kürzen, Auswüchse zu beschneiden, und hoffe dabei um so mehr auf Billigung, als dieser ächte deutsche Bukoliker leider schon fast verschollen, und gewöhnlich nur den Literarhistorikern von Fach bekannt ist. — Ueber die andern Dichter, deren Namen dies Buch schmücken, brauche ich nichts hinzuzufügen; die Mehrzahl von ihnen ist jedem Deutschen bekannt und werth; dem Landwirth muß dies aber vor Allen der geniale Rückert sein, der, zugleich ein trefflicher Fachgenosse, das geheime Weben und Walten der Natur belauscht hat, wie kein Anderer, und es versteht, den Bezug desselben auf das Menschenleben in sinnigster Weise zu knüpfen. Manche gute Gabe deutscher Poesie hat leider zurückgelegt werden müssen, um das Buch nicht allzusehr zu vertheuern; vielleicht vergönnt eine freundliche Theilnahme an demselben auch diese später einzureihen.

Meine Sammlung habe ich der Jugend der deutschen Landwirthschaft gewidmet. Möge sie von dieser aufgenommen werden als eine der edelsten und besten Gaben, die ihr noch jemals dargebracht worden sind — als Blüthenstrauß des deutschen Geistes, Blüthen vom Felde der Cultur, welche Früchte verheißen, auch wenn sie gepflückt und zusammen gebunden worden sind. Möge ihr Duft und ihre Schönheit recht oft das Herz der deutschen Landwirthe erfreuen, ihren Geist erheben, kräftigen, und sie anspornen, würdig zu wirken des edlen Standes, den die Besten der Nation so hoch gefeiert haben!

Leipzig, im Mai 1862.

Dr. Wilhelm Hamm.

Inhalt.

	Seite
Widmung, von A. Neidthardt	III
Vorbericht	V

I. Lob und Trost der Landwirthschaft.

1. Der Bauernstand, von M. v. Schenkendorf . . .	1
2. Das edelste Gut, von Rückert	3
3. Bauernlied, von Claudius	4
4. Lebenszweck, von Rückert	6
5. Der Landmann, von Voß	6
6. Der Culturwächter, von Rückert	8
7. Der glückliche Bauer, von Claudius . . .	8
8. Beruhigung, von Tieck	11
9. Der Bauersmann, von Abraham a Santa Clara . .	11
10. Bauernlied, von Hoffmann v. Fallersleben . .	12
11. Der Bauer, von Ramler	13
12. Der Ackersmann ein Kriegsmann, von Dehnike .	14
13. Abendlied eines Landmanns, von Claudius . .	16
14. Land= und Forstwirthschaft, von E. Otto . .	17
15. Ruf an Deutschlands Landwirthe, von W. Schmelzkopf .	19
16. Lied eines Landmanns in der Fremde, von v. Salis .	22
17. Des Dorfes Friedhof, von Gray durch Seume . .	24
18. Grabschrift eines Landmanns, von Voß . .	27

II. Lust des Landlebens; Jahreszeiten.

19. Lob des Feldlebens, von Opitz	28
20. Das Landleben, von v. Kleist	33
21. Preis dem Lande, von Hölty	35
22. Ländliche Freuden, von Gleim	36
23. Sehnsucht nach dem Landleben, von v. Vincke . .	37

	Seite
24. Der Hof des Landmanns, von v. Kleist	40
25. Die Einsamkeit auf dem Lande, von Ramler	43
26. Lust des Landmanns, von Lenau	46
27. Die Landluft, von Hagedorn	47
28. Das Dörfchen, von Bürger	49
29. Die schöne Aussicht, von Rückert	51
30. Der Lenz, von A. Grün	52
31. Die Schönheit der Felder im Frühling, von Brockes	53
32. Das Frühlingsmahl, von W. Müller	55
33. Der Nachtfrost. (Kalender für deutsche Arbeit 1851.)	56
34. Der Frühlingsabend, von Matthison	58
35. Die Lerche, von Herder	59
36. Der Mai, von Hagedorn	60
37. Pfingstreihen, von Voß	62
38. Sonntagsstille, von Ernst	64
39. Sommerlied, von Paul Gerhard	65
40. Sommerbilder, von Hebel	67
41. Hagelschlag, von Seidl	69
42. Feldkirche, von Ph. Emrich	70
43. An den Regenpfeifer, von Rückert	71
44. Der Sonntag auf dem Lande, von Moris	72
45. Der reiche Herbst, von Hoffmann v. Fallersleben	75
46. Herbstlied, von Böttger	75
47. Kirchweihtanz, von Albrecht	76
48. Martini Kirchweihe, von Rückert	77
49. Die Schwalben, a. d. Knaben Wunderhorn	78
50. Ein Lied vom Reifen, von Claudius	79
51. Der Schnee, von Hebel	81
52. Der Bauer im Winter, von Schubart	83
53. Winterlied, von Krummacher	85
54. Winterbild, von v. Salis	86
55. Ein Lied hinter'm Ofen, von Claudius	88

III. Bestellung des Feldes.

56. Sinnspruch, von v. Logau	90
57. Der Pflug, von Ph. Emrich	90
58. Lern' von der Erde! von Rückert	92
59. Beste Waffe, von A. Stöckhardt	93
60. Pflügt tief! Aus dem Englischen von Ph. Emrich	94
61. Räthsel, von Schiller	96
62. Feld und Gemüth, von Rückert	96
63. Nach dem Regen, von Seume	97

		Seite
64. Dem Ackermann, von Göthe	. . .	98
65. Der Pflüger und sein Thier, von Rückert	. .	98
66. Gedanken über das Pflügen und Säen, von Brockes	.	99

IV. Saat, Pflanzenwachsthum, Pflege.

67. Der Säemann, von Schiller	102
68. Entfaltung, von Rückert	102
69. Saat für Andere, von Jul. Hammer	103
70. Großes im Kleinen, von Rückert	104
71. Bewundernswerthe Nahrung der Pflanzen, von Brockes . .	104
72. Die Pflanze und das Leben der Natur, von Rückert . .	106
73. Pflanzenschlaf von Ernst	107
74. Das blühende Korn, von Brockes . . .	108
75. Die Kornblumen, von Rückert	110
76. Betrachtung des Grases, von Brockes . . .	111
77. Im Kornfeld, von Hammer	112
78. Blumen im Korn, von Rückert . . .	113
79. Heiße Tage, von J. Hammer	114
80. Unkraut, von Rückert . . .	115
81. Das reifende Getreide, von Brockes . . .	115
82. Bohnenfelder, von Brockes	117
83. Lob des Flachses, von J. Kerner . .	120
84. Beim Flachsbrechen, von Voß . . .	121
85. Selbstgebautes, von Rückert . .	123
86. Die Pasteten, von Claudius	123
87. Räthsel, von Hebel . . .	124
88. Wie Frau Kartoffel krank war, von M. Hartmann .	125
89. Die Lupine, von Stöckhardt	129
90. Die auflaufende Saat im Herbst, von Brockes . .	130
91. Das Schöpfrad, von Rückert	132

V. Ernte.

92. Auslese, von Rückert . . .	133
93. Mäherlied, von Voß . . .	133
94. Der Tag der Heuernte, von Seume . .	135
95. Heureigen, von Voß . . .	139
96. Vorklang der Ernte, von Rückert . .	141
97. Im August, v. W. Müller . . .	142
98. Wachtelschlag, Volkslied . . .	142
99. Des Sommers Gaben, von Brockes . .	144

		Seite
100. Der Bauer in der Ernte, von Schubart		149
101. Schnitterlied, von Voß		150
102. Erntelied I., von Hölty		152
103. Gemähetes Getreide, von Brockes		153
104. Erntelied II., von Rückert		155
105. Betrachtung der Ernte, von Brockes		157
106. Altenburgische Ernte, von v. Gaudy		160
107. Bei dem erfreulichen Einfahren des Getreides, von Brockes		161
108. Zinsvögel von A. Grün		162
109. Nach der Ernte, von Brockes		164
110. Der Erntekranz, von Hoffmann v. Fallersleben		167
111. Herbstlied, von Ernst		168
112. Zum Erntekranze, von Hoffmann v. Fallersleben		169
113. Die Stoppeln, von Brockes		170
114. Erntevöglein nach theueren Jahren, von Rückert		171
115. Drescherlied, von Voß		174
116. Wie das Finklein den Bauer in der Scheune besucht, von Güll		175

VI. Hausthiere.

117. Die Hausthiere, von R. Z. Becker		177
118. Das Pferd, von Brockes		180
119. Des alten Pachters Morgengruß, von Robert Burns		181
120. Lob des Pferdes, von Amrilkais durch Rückert		185
121. Das Rindvieh, von Brockes		186
122. Nachsicht, von Rückert		188
123. Die Heerde im Walde, von v. Gaudy		188
124. Hirtenlied, von Hoffmann v. Fallersleben		189
125. Die Alpen, von v. Haller		190
126. Der Sennerin Heimkehr, v. A. Grün		194
127. Das Schaf, von Brockes		196
128. Der Tod und die letzten Worte der armen (Schaf-) Mutter Mailie, von R. Burns		197
129. Hirtenlied, Volkslied		199
130. Das Schwein, von Brockes		201
131. Die Ziegen, von Brockes		202
132. Das Geflügel, von Brockes		203
133. Die brütende Henne, von Rückert		204

VII. Bienen und Seidenraupen.

134. An die Bienen, von Opitz		206
135. Der Reichthum des Armen, von Rückert		207
136. Die Biene, von W. Müller		208

	Seite
137. Bienenlied, aus des Knaben Wunderhorn	209
138. Bienenmorgen, von Rückert	210
139. Die Biene und der Lenz, von Arndt	211
140. Biene und Blume, von Ernst	213
141. Das Bienenhaus, von Reinick	214
142. Das Räthsel, von Hebel	215
143. Stoffwechsel, von Rückert	216

VIII. Garten- und Obstbau.

144. Ueberschrift eines Gartens, von Opitz	217
145. Der Gärtner, von v. Holtei	217
146. Gartenfeinde, von Göthe	219
147. Der Maulwurf, von Rückert	219
148. Segen der Obstbaumzucht a. d. Gesangbuche der Pfalz	220
149. Guter Brauch, von Rückert	220
150. Der Kirschbaum I., von Hebel	221
151. Des Gärtners Verdienst, von Rückert	223
152. Der Kirschbaum II., von Krummacher	223
153. Der Obstgarten, von Rückert	224
154. Blüthen und Früchte, von Göthe	225
155. Einkehr, von Uhland	225
156. Opfer zur Erhaltung, von Rückert	226
157. Der Apfelbaum, von Houwald	226
158. Schwere des Segens, von Rückert	227
159. Herbstlied, von Voß	227
160. Dankbarkeit nach Genuß, von Rückert	229
161. Kenntniß, von Rückert	229
162. Was der Vogel spricht, von Rückert	230

IX. Weinbau.

163. Der Weinberg, von Hagedorn	231
164. Die Früchte und die Traube, von Rückert	231
165. Der Landmann und der Winzer, von Hagedorn	232
166. Die Weinlese, von Uz	234
167. Der weinende Trinker, von Simrock	236
168. Gelb und Roth, von Rückert	237
169. Weinlied, von Claudius	237
170. Rechter Haushalt, von Rückert	238

X. Wald und Bäume.

171. Der Wald, von Matthison	239
172. Waldessprache von de la Motte Fouqué	240

		Seite
173.	Die Bäume, von W. Müller	241
174.	Baumpredigt, von A. Grün	243
175.	Frühlings- und Sommerlust, von Tieck	245
176.	Preis der Tanne, von J. Kerner	246
177.	Die Tanne, von Freiligrath	247
178.	Der Lerchenbaum, von de la Motte Fouqué	250
179.	Die Kastanie, von Rückert	251

XI. Für Frauen und Mädchen.

180.	Macht des Weibes, von Rückert	252
181.	Das Landmädchen, von Robert Burns	252
182.	Landlied für Mädchen, von Salis	254
183.	Einführung in die Speisekammer, von Rückert	255
184.	Lob der Spindel, von J. Kerner	261
185.	Spinnerlied, von J. G. Jacobi	263
186.	Elsbeth und ihr Spinnrad, von R. Burns	264
187.	Das Milchmädchen, von Voß	265
188.	Schwäbisches Bauernlied, von Schubart	267
189.	Mein Liebster ist im Dorf der Schmidt, von F. Albrecht	269
190.	Metzelsuppenlied, von Uhland	270
191.	Grabschrift einer Bäuerin, von de la Motte Fouqué	271

XII. Guter Rath.

192.	Wahlspruch, von Rückert	272
193.	Arbeit, von Tieck	272
194.	Ehre die Arbeit, von Rückert	273
195.	Dem Korn sei gleich, von Rückert	274
196.	Der Bauer nach geendigtem Prozeß, von Claudius	274
197.	Güterzerschlagung, von Rückert	275
198.	Dem jungen Landwirth, von Gumprecht	276
199.	Die Auswanderer, von Freiligrath	278
200.	Bleibet im Lande, von Rückert	280

XIII. Geschichte, Sagen, Fabeln &c.

201.	Das Riesen-Spielzeug, von Chamisso	282
202.	Das Kind im Korn, von Duller	284
203.	Das Feuer im Walde, von Hölty	286
204.	Der Fürst und der Landmann, von Rückert	289
205.	Zu Thaer's Jubelfeste, von Göthe	292
206.	Rheinsage, von Geibel	293

		Seite
207. Die Geisterkelter, von Uhland	. . . .	294
208. Sankt Hubertus, von Dehnike	. . . .	297
209. Die Bauern am Tissastrande, von Lenau	. . . . .	300
210. Die Praxis und die Theorie, von v. Haller	. . . .	303
211. Die Schatzgräber, von Bürger	. . . . . .	303
212. Die Wachtel und ihre Kinder, von Langbein	. . . .	304
213. Das Kutschpferd, von Gellert	. . . . . .	306
214. Schlußwort zur Beherzigung, von W. Schmelzkopf	. . .	307

I.
Lob und Trost der Landwirthschaft.

1. Der Bauernstand.

O Bauernstand, o Bauernstand,
Du liebster mir von allen,
Zum Erbtheil ist ein freies Land
Dir herrlich zugefallen.

Die Hoffart zehrt, ein böser Wurm,
Ein Rost an Ritterschilden;
Zerfallen sind im Zeitensturm
Die reichen Bürgergilden.

Du aber bau'st ein festes Haus,
Die schöne, grüne Erde,
Und streuest goldnen Samen aus
Ohn' Argwohn und Gefährde.

Hast Gottesluft und Gottesstrahl
Um eilig zu genesen,
Wenn sich in deine Hürd' einmal
Geschlichen frembes Wesen.

Was unsre blöde Welt nicht kennt
Mit ihrem eitlen Treiben,
Wovon im alten Testament
Die heil'gen Männer schreiben,

Das soll noch oft wie Morgenwind
Um meinen Busen wehen,
Das hab' ich wohl an manchem Kind
Im stillen Thal gesehen:

Die Demuth und die Dienstbarkeit
Der Schönheit und der Stärke,
Die Einfalt, die sich kindlich freut
An jedem Gotteswerke;

Des Jünglings frühe Tüchtigkeit
In würdigen Geschäften,
Der alten Männer Trefflichkeit
Bescheiden in den Kräften.

Wohl manches Zeichen, manchen Wink
Kann man da draußen sehen,
Wovon wir in dem Mauernring
Die Hälfte nicht verstehen.

Vom Bauernstand, von unten aus
Soll sich das neue Leben
In Adels Schloß und Bürgers Haus
Ein frischer Quell erheben.

Doch eines, lieber ältster Stand,
Kann größres Lob dir schaffen:
Nie müßig hängen an der Wand
Laß' deine Bauernwaffen.

Der scharfe Speer, das gute Schwert
Muß öfter dich begleiten,
Um fröhlich für Gesetz und Herd
Und für das Heil zu streiten.

Zieh fröhlich, wenn erschallt das Horn
Ein Sturm auf allen Wegen
Und wirf ein heißes, blaues Korn
Dem Räuber kühn entgegen.

Die Siegessaat, die Freiheitssaat
Wie herrlich wird sie sprießen!
Du Bauer sollst für solche That
Die Ernten selbst genießen.

Der Arm, der harte Erde gräbt
Und Stiere weiß zu zwingen,
Kann wohl, vom Heldengeist belebt,
Mit jedem Feinde ringen.

Du frommer freier Bauernstand,
Du liebster mir von allen,
Dein Erbtheil ist im deutschen Land
Gar lieblich dir gefallen!

Max von Schenkendorf.

2. Das edelste Gut.

Der Grundbesitz ist das edelste Gut,
Wie die Erd' in Gottes Händen ruht;
Ob Stürme schnauben, ob Feinde toben,
Der Grund bleibt unten, der Himmel oben.

Rückert.

3. Bauernlied.

Im Anfang war's auf Erden
  Nur finster, wüst und leer;
Und sollt was sein und werden,
  Mußt' es wo anders her.

So ist es hergegangen
  Im Anfang, als Gott sprach;
Und wie sich's angefangen,
  So geht's noch diesen Tag.

Wir pflügen, und wir streuen
  Den Samen auf das Land;
Doch Wachsthum und Gedeihen
  Steht nicht in unsrer Hand.

Der thut mit leisem Wehen
  Sich mild und heimlich auf,
Und träuft, wenn heim wir gehen,
  Wuchs und Gedeihen d'rauf.

Der sendet Thau und Regen,
  Und Sonn= und Monden=Schein,
Der wickelt Gottes Segen
  Gar zart und künstlich ein.

Und bringt ihn dann behende
  In unser Feld und Brod;
Es geht durch seine Hände,
  Kömmt aber her von Gott.

Was nah ist und was ferne,
    Von Gott kömmt Alles her!
Der Strohhalm und die Sterne,
    Der Sperling und das Meer.

Von Ihm sind Büsch' und Blätter,
    Und Korn und Obst von Ihm.
Von Ihm mild Frühlingswetter,
    Und Schnee und Ungestüm.

Er, Er macht Sonnaufgehen,
    Er stellt des Mondes Lauf,
Er läßt die Winde wehen,
    Er thut den Himmel auf.

Er schenkt uns Vieh und Freude,
    Er macht uns frisch und roth,
Er gibt den Kühen Weide,
    Und unsern Kindern Brod.

Auch Frommsein und Vertrauen,
    Und stillen eblen Sinn,
Ihm fleh'n, und auf Ihn schauen,
    Kömmt alles uns durch Ihn.

Er gehet ungesehen
    Im Dorfe um und wacht,
Und rührt, die herzlich flehen,
    Im Schlafe an bei Nacht.

Darum, so woll'n wir loben
    Und loben immerdar
Den großen Geber oben.
    Er ist's! und Er ist's gar.

                                Claudius.

4. Lebenszweck.

Der Zweck der thätigen Menschengilde
Ist die Urbarmachung der Welt,
Ob du pflügest des Geistes Gefilde,
Oder bestellest das Ackerfeld.

Rückert.

---

5. Der Landmann.

Ihr Städter, sucht ihr Freude,
So kommt auf's Land heraus,
Seht, Garten, Feld und Weide
Umgrünt hier jedes Haus.
Kein reicher Mann verbauet
Uns Mond und Sonnenschein;
Und Abends überschauet
Man jedes Sternelein.

Wenn früh des Dorfes Wecker
Aus leichtem Schlaf uns kräht,
Durchjauchzt man rasch die Aecker
Mit blankem Feldgeräth.
Das Weib indeß treibt singend
Die Milchküh' aus dem Stall:
Laut folgen sie und springend
Des Hirtenhornes Schall.

Wir seh'n, wie Gott den Segen
Aus milden Händen streut:
Wie Frühlingssonn' und Regen
Uns Wald und Flur erneut:

Uns blüh'n des Gartens Bäume;
Uns wallt das grüne Korn;
Uns schwärmt nach Honigseime
Die Bien' um Blum' und Born.

Uns singt das Vöglein Lieder;
Uns rauscht die blaue Fluth!
Uns schwirrt des Hof's Gefieder,
Umpiept von junger Brut;
Uns blöcken rings und brüllen
Die Heerden durch die Au'n;
Uns tanzt das schlanke Füllen,
Und gaffet über'n Zaun.

Die Arbeit aber würzet
Dem Landmann seine Kost,
Und Muth und Freude kürzet
Die Müh' in Hitz' und Frost.
Sein Weib begrüßt ihn schmeichelnd,
Wenn er vom Felde kehrt,
Und seine Kindlein streichelnd,
Sich setzt am hellen Herd.

Die Bursch' und Mägde strotzen
Von Jugendreiz und Mark;
Ja selbst die Greise trotzen
Dem Alter, frisch und stark.
Und heißt der Tod uns wandern:
Wir geh'n, wie über Feld,
Aus einer Welt zur andern
Und schönern Gotteswelt.

Ihr armen Städter trauert
Und kränkelt in der Stadt,
Die euch wie eingemauert
In dumpfe Kerker hat.

O wollt ihr Freude schauen,
So wandelt Hand in Hand,
Ihr Männer und ihr Frauen,
Und kommt zu uns auf's Land.

Voß.

6. Der Kulturwächter.

O, der du dich so gern in die Natur
  Einträumest, sprich, was ohne die Kultur,
  Die so gering du achtest, wärst du nur?
Wenn dich aus der gebauten Welt verschlug
  Ein Sturm und weit in's Ungebaute trug,
  Du könntest weder Acker bau'n noch Pflug.
Du könntest schmieden weder Art noch Beil,
  Den Bogen weder schnitzen noch den Pfeil;
  Was wäre denn an der Natur dein Theil?
Sie fordert eines ganzen Menschen Kraft,
  Und macht zu Schanden, was sich dünkelhaft
  Nennt schöne Kunst und höh're Wissenschaft.
Die beiden sind, wo mächtige Natur
  Gebändigt ist von siegender Kultur
  Des Lebens schönste, höchste Blüthe nur.

Rückert.

7. Der glückliche Bauer.

Vivat der Bauer, Vivat hoch!
  Ihr seht es mir nicht an;
Ich habe nichts, und bin wohl doch
  Ein großer, reicher Mann.

Früh Morgens, wenn der Thau noch fällt,
 Geh' ich, vergnügt im Sinn,
Gleich mit dem Nebel n'aus auf's Feld
 Und pflüge durch ihn hin;

Und sehe, wie er wogt und zieht
 Rund um mich nah und fern,
Und sing' dazu mein Morgenlied,
 Und denk' an Gott den Herrn;

Die Krähen warten schon auf mich,
 Und folgen mir getreu,
Und alle Vögel regen sich,
 Und thun den ersten Schrei;

Indessen steigt die Sonn' herauf
 Und scheinet hell daher —
Ist so was auch für Geld zu Kauf,
 Und hat der König mehr?

Und, wenn die junge Saat aufgeht,
 Wenn sie nun Aehren schießt;
Wenn so ein Feld in Hocken steht;
 Wenn Gras gemähet ist —

O wer das nicht gesehen hat,
 Der hat deß' nicht Verstand.
Man trifft Gott gleichsam auf der That —
 Mit Segen in der Hand;

Und sieht's vor Augen, wie er frisch
 Die volle Hand ausstreckt,
Und wie er seinen großen Tisch
 Für alle Wesen deckt.

Er deckt ihn freilich, Er allein!
    Doch hilft der Mensch, und soll
Arbeiten und nicht müßig sein.
    Und das bekömmt ihm wohl.

Denn, nach dem Sprichwort: Müßiggang
    Ist ein beschwerlich Ding,
Und schier des Teufels Ruhebank
    Für Vornehm und Gering.

Mir macht der Böse keine Noth;
    Ich dresch' ihn schief und krumm,
Und pflüg' und hau' und grab' ihn todt,
    Und mäh' ihn um und um.

Und wird's mir auch bisweilen schwer;
    Mag's doch! Was schadet das?
Ein guter Schlaf stellt Alles her,
    Und Morgens bin ich baß;

Und fange wieder fröhlich an
    Für Frau und Kind. Für sie,
So lang ich mich noch rühren kann,
    Verdrießt mich keine Müh.

Ich habe viel, das mir gehört,
    Viel Gutes hin und her. —
Du droben! hast es mir beschert;
    Beschere mir noch mehr.

Gib, daß mein Sohn dir auch vertrau,
    Weil du so gnädig bist;
Lieb' ihn und gib ihm eine Frau
    Wie seine Mutter ist.

                                     Claudius.

8. Beruhigung.

Wohl dem Mann, der in der Stille
    Seine kleine Heerde führt,
Weit von Menschen, in der Hülle
    Dunkler Bäume sie regiert.

Wo er wohnet sind die Götter,
    Sitzen bei dem kleinen Mahl,
Ewig sonnt ihn Frühlingswetter,
    Fern von ihm die rege Qual,

Die mit ihren schwarzen Flügeln
    Um den Unzufriednen schwärmt,
Daß er sich von Thal zu Hügeln
    Und von Hügeln thalwärts härmt.

Aber hier ist Abendröthe
    Wiederschein von Morgenroth,
Und die kleine Schäferflöte
    Klinget bis zu unserm Tod.

L. Tieck.

9. Der Bauersmann.

Mein Vater ist kein Edelmann, das sieht man sein Gebärden an,
Vertraulich, aufrichtig, wacker; sein Kutschen ist ein Ackerpflug,
Die Rößlein haben Arbeit g'nug den ganzen Tag im Acker.
Der Apfel fällt nicht weit vom Stamm, hab' ich doch meines Vaters
                                                      Nam',
Und hab' auch seine Tugend: ich setz' mein Leben nach dem Ziel,
Was ich im Alter treiben will, beweis' ich in der Jugend.

Die golden Kett' und Silberg'schmeid' seind von den Bauern fernt und weit,
Es tragen's nur die vom Adel. Kein Bauer mit einem Kleinod prangt,
Sein Kleinod an ei'm Strohhalm hangt, das ziert sein Hof und Stadel.
Den ganzen Tag wohl durch und durch, wenn ich im Acker mach' en Furch',
Geht alles wohl von Handen; die Lerchenvögel mancherlei,
Sie singen schöne Melodei, sind meine Musikanten.
Die Schwalben trösten mich immerzu, zu Mitternacht, zu Morgens fruh,
In meinem Hauf' sie nisten; sie singen, kosten doch nicht viel,
Ich liebe dieses Federspiel von sieben Lautenisten.
Zu Morgens, wann der Tag angeht, die blumenfarb'ne Morgenröth
Vergold't die Spitz' der Eichen, den Tag hat schon gekündigt an
Der Gockelhahn, der Henne Mann, auf, auf! gibt er ein Zeichen.
Ihr Bürger, bleibt ihr in der Stadt, bedeckt mit eurer Häuser Last,
Verschlossen hoch mit Mauern — wir wohnen gern im freien Ried,
Da wird gleichwohl ein frisch Gemüth vergönnt uns armen Bauern.
Nur eins ist, sei es Gott geklagt, so da uns arme Tropfen plagt,
Die Pfleger und Verwalter, die zwacken uns und schinden gleich,
Wollt' lieber, sie wär'n im Himmelreich, ich betet' gewiß ein Psalter.

Abraham a Sancta Clara, geb. 1642.

10. Bauernlied.

Der Wind weht über's Stoppelfeld,
Die schlimme Zeit hebt an;
Drum wer sich jetzt zu Hause hält,
Der thut nicht übel dran,
Der macht es so wie wir,
Er raucht sein Pfeifchen
Und trinkt sein Mäßlein Bier.

Doch wer des Geldes übrig hat
Und will recht vornehm sein,
Der geht des Sonntags in die Stadt
Und trinkt sein Schöpplein Wein.
Wir aber bleiben hier
Mit unserm Pfeifchen
Bei unserm Mäßlein Bier.

Ein jeder denkt jetzt hoch hinaus,
Verachtet Hack' und Pflug,
Da bleibt ihm oft in Hof und Haus
Nichts als ein Wasserkrug.
Doch anders denken wir
Bei unserm Pfeifchen,
Nun ja, wir trinken Bier.

Hoffmann von Fallersleben.

11. Der Bauer.

Ich Bauer leb' in rechten Freuden
Wie könnt' ich Könige beneiden?
Sie sind nicht halb so froh, als ich:
Sie müssen Kriegesheere werben,
Ihr Land beschützen, und dann sterben;
Und niemals leben sie für sich.

Sie mögen sich, sammt tausend Gästen,
Mit Trüffeln und mit Austern mästen,
Und Milch und Käse sei für mich;
Sie mögen Wein wie Wasser saufen:
Sie müssen zu dem großen Haufen
Der Todten doch noch eh'r, als ich.

Ramler.

12. Der Ackersmann ein Kriegsmann.

Ein Kriegsmann ist der Ackersmann,
Er zieht hinaus in's Feld,
Mit Eisenwaffen angethan,
Ein streitbar tapfrer Held.

Doch kämpft er nicht in einer Schlacht,
Die wenig Stunden währt,
Denn monbenlang kommt aus der Hand
Ihm nimmer Speer und Schwert.

Wenn in die blauen Höhen sich
Die erste Lerche schwingt,
Ein siegsgewisser Schlachtenmuth
Den Busen ihm durchdringt.

Dann mustert er voll Lust sein Heer,
Ob's groß nun oder klein,
Und in des Kampfs Getümmel wirft
Getrost er sich hinein.

Und weithin über Wies' und Feld
Die Menge sich ergießt
Und, wie des Kriegers kostbar Blut,
Der Schweiß in Strömen fließt.

Wie schwellet Hoffnung wohl die Brust,
Malt sich im Abendglanz
Der weiten Fluren üppig Grün
Als reicher Segenskranz,

Zieh'n in Gesundheit und in Kraft
Bergauf und ab zum Thal
Die wohlgepflegten Heerden hin,
Der Ross' und Rinder Zahl!

Doch trübt wohl auch sich bang der Blick,
Wenn ob der Fluren Gold
Die Wetterwolke nächtlich schwarz
Verderben drohend rollt;

Wenn in der Ställe luft'gen Raum
Geheimer Gifthauch bringt,
Wenn um die woll'gen Häupter sich
Der Seuche Geißel schwingt.

Dann heißt es: Gottvertrau'n und Muth!
Und ob auch Wetter droh'n,
Es wird der Kraft, die wacker schafft,
Doch endlich stets ihr Lohn.

Ja, endlich strahlt der goldne Lohn,
Wenn in der Sonne Glanz
Des Helden Siegeslorbeer lacht,
Der reiche Erntekranz,

Wenn Mädchen sich und Jünglinge
In jubelnd froher Hast
Rings drängen um der Ernte Preis,
Um hoher Wagen Last.

Das Abendglöckchen leise klingt
In ihres Danklieds Ton.
O ströme immerdar herab
Dem Landmann reicher Lohn,

O stärke ihn des Höchsten Hand
Mit Kraft und frohem Muth,
Und krön' ihm jedes neue Jahr
Mit immerneuem Gut!

R. Dehnike.

13. Abendlied eines Landmanns.

Das schöne große Tag = Gestirne
    Vollendet seinen Lauf;
Komm, wisch' den Schweiß mir von der Stirne
    Lieb' Weib, und dann tisch' auf!

Kannst hier nur auf der Erde decken,
    Hier unter'm Apfelbaum;
Da pflegt es Abends gut zu schmecken,
    Und hat's am besten Raum.

Und rufe flugs die kleinen Gäste,
    Denn hör,' mich hungert's sehr;
Bring' auch den kleinsten aus dem Neste,
    Wenn er nicht schläft, mit her.

Dem König bringt man viel zu Tische;
    Er, wie die Rede geht,
Hat alle Tage Fleisch und Fische
    Und Panzen und Pastet';

Und ist ein eigner Mann erlesen,
    Von andrer Arbeit frei,
Der ordnet ihm sein Tafelwesen
    Und präsidirt dabei.

Gott laß' ihm Alles wohl gedeihen!
  Er hat auch viel zu thun,
Und muß sich Tag und Nacht kasteien,
  Daß wir in Frieden ruh'n,

Und haben wir nicht Herrenfutter,
  So haben wir doch Brod,
Und schöne, frische, reine Butter,
  Und Milch, was denn für Noth?

Das ist genug für Bauersleute,
  Wir danken Gott dafür,
Und halten offne Tafel heute
  Vor allen Sternen hier.

Es präsidirt bei unserm Mahle
  Der Mond, so silberrein!
Und kuckt von oben in die Schale
  Und thut den Segen 'nein.

Nun Kinder esset, eßt mit Freuden,
  Und Gott gesegn' es euch!
Sieh, Mond! ich bin wohl zu beneiden,
  Bin glücklich und bin reich!

                    Claudius.

14. Land- und Forstwirthschaft.

(Nach der Melodie: „Der Jäger aus Churpfalz.")

Hoch leb' die Landwirthschaft!
Sie ist's, die alle Ständ' ernährt.
Sie ist des Wohlstands Quell,
Und drum so hoch geehrt.

Ju, ja! Ju, ja!
Gar edel ist die Landwirthschaft
Und großer Ehre werth,
Und großer Ehre werth.

Was fing die Welt denn an?
Was wär' die Kunst und Wissenschaft,
Wenn nicht des Landwirths Pflug
Das täglich' Brod verschafft'?
Ju, ja! Ju, ja!
Gar schätzbar ist die Landwirthschaft,
Die so viel Gutes schafft!
Die so viel Gutes schafft!

Vom frühen Morgenstrahl,
Wenn froh die Lerch' ihr Liedchen singt,
Bebauet sie das Feld,
Das reiche Früchte bringt.
Ju, ja! Ju, ja!
Gar lohnend ist die Landwirthschaft,
Wenn man sie recht bestellt,
Wenn man sie recht bestellt.

Doch mit ihr Hand in Hand
Geht auch die edle Försterei;
Sie hegt und pflegt den Wald,
Der wächst so frisch und frei.
Ju, ja! Ju, ja!
Gar lustig ist die Försterei,
Da sind wir gern dabei!
Da sind wir gern dabei!

Hoch leb' der Jägersmann!
Er zieht hinaus, wenn's Horn erschallt,
Er schießt die Has' und Reh'
In Flur und Feld und Wald.

    Ju, ja! Ju, ja!
Gar lustig ist die Jägerei
Im schönen grünen Wald,
Im schönen grünen Wald.

Der Land- und Forstwirth singt:
Hoch leb' das deutsche Vaterland!
Wir tragen deutschen Sinn
Und reichen uns die Hand.
    Ju, ja! Ju, ja!
Gar schön ist's, wenn wir einig sind
Im ganzen deutschen Land!
Im ganzen deutschen Land!

Emil Otto.

15. Ruf an Deutschlands Landwirthe zu Neujahr 1859.

Das Jahr ist hin — mit stillem Sinnen
Blickst du zurück auf seine Last —
Doch muthig willst du neu beginnen
Die Saat, die du verloren hast.

Du sammelst um dich her die Deinen,
Und sprichst, ergreifend ihre Hand:
„Blickt freudig auf, es wird erscheinen
Im neuen Jahr ein neues Land.

Wohl bluten noch viel off'ne Wunden,
Manch' sich're Hoffnung ward geraubt,
Doch guten Rath hat stets gefunden
Wer an den Geist der Zukunft glaubt.

Es tönet eine alte Kunde
Schon seit dem ersten Schöpfungstag,
Die euch, aus Gottes heil'gem Munde,
Beseligen und trösten mag:

So lang die Erde steht und grünet
So lang bleibt Saat und Ernte dein!
War karg ein Jahr, — das and're sühnet
Mit vollen Garben, gold'nem Wein.

Noch ruht in uns'rem lieben Boden
Manch' golden Körnlein unentdeckt,
Noch überwacht ihn Gottes Odem,
Der aus dem Staub das Leben weckt!" —

Es liegt ein wunderreicher Segen,
In jeder Noth, die uns bewegt;
Die beste Wahl aus vielen Wegen
Ist's dann, die fester Sinn erwägt.

Was uns an Fülle ward verweigert
Hat häufig kluger Sinn ergänzt,
Und doppelt den Ertrag gesteigert
Hat oft die Ordnung, streng begränzt.

Zwar leicht, bequem und ohne Sorgen
Verfließt ein reich gesegnet Jahr,
Doch auch im Mißjahr bleibt geborgen
Der ächte Landwirth vor Gefahr.

Vor uns hat manche bange Stunde
Die Väter gleichfalls hart gedrückt,
Und seufzend klang's aus ihrem Munde:
„Wie Schweres hat uns Gott geschickt!" —

Doch muthig haben sie gerungen
In Nacht und Sturm, mit Mannessinn,
Der eitlen Wünsche Gier bezwungen,
Und fanden so des Sieg's Gewinn.

Kannst du das nicht? O dann entweiche
Belehnt mit der Entartung Bann
Aus un'srer Arbeit freud'gem Reiche,
Denn was er will — das kann ein Mann!

Als dir der Himmel war gewogen
Und Segen träufte weit und breit,
Da spanntest du des Stolzes Bogen
Fast bis zur letzten Möglichkeit.

Wann aber wieder abwärts ziehet
Das Glück auf seinem Wechselflug,
Und dir das schöne Bild entfliehet,
Das hoffnungsfroh dein Busen trug —

So laß darum den Stolz nicht sinken,
Doch Stolz sei's auf die eig'ne Kraft —
Und bald wird dir von Neuem winken
Der Hort, den das Geschick entrafft.

Bedenke, du hast Nichts verloren,
Was deinem Leben angehört,
Und bist im Geiste neu geboren,
Nicht mehr vom alten Wahn bethört.

Verlieren heißt für dich Gewinnen,
Gewinnen reich, und ganz, und viel,
Wenn solch' ein Jahr — in ernstes Sinnen
Verwandelt gier'ger Wünsche Spiel.

Nimm auch die harte Hand von Oben
Als väterliches Segenspfand,
Sie hat dich höher doch gehoben,
Als Ueberfluß und Mammonstand.

So tritt mit feierlichem Sinne,
An deine Arbeit, deinen Pflug!
Halt' fest die „himmlischen Gewinne,"
Die dir das Jahr des Mangels trug.

W. Schmelzkopf.

16. Lied eines Landmanns in der Fremde.

Traute Heimath meiner Lieben,
Sinn' ich still an dich zurück,
Wird mir wohl; und dennoch trüben
Sehnsuchtsthränen meinen Blick.

Stiller Weiler, grün umfangen
Von beschirmendem Gesträuch,
Kleine Hütte, voll Verlangen
Denk' ich immer noch an euch!

An die Fenster, die mit Reben
Einst mein Vater selbst umzog;
An den Birnbaum, der daneben
Auf das niedre Dach sich bog;

An die Stunden, wo ich Meisen
Im Hollunderkasten fing;
An des stillen Weihers Schleußen,
Wo ich Sonntags fischen ging.

Was mich dort als Kind erfreute,
Kömmt mir wieder leibhaft vor;
Das bekannte Dorfgeläute
Wiederhallt in meinem Ohr.

Selbst des Nachts in meinen Träumen
Schiff' ich auf der Heimath See;
Schüttle Aepfel von den Bäumen,
Wäss're ihrer Wiesen Klee;

Lösch' aus ihres Brunnens Röhren
Meinen Durst am schwülen Tag,
Pflück' im Walde Heidelbeeren,
Wo ich einst im Schatten lag.

Wann erblick' ich selbst die Linde,
Auf den Kirchenplatz gepflanzt,
Wo gekühlt im Abendwinde
Unsre frohe Jugend tanzt?

Wann des Kirchthurms Giebelspitze,
Halb im Obstbaumwald versteckt,
Wo der Storch auf hohem Sitze
Friedlich seine Jungen heckt?

Traute Heimath meiner Väter,
Wird bei deines Friedhofs Thür
Nur einst, früher oder später,
Auch ein Ruheplätzchen mir!

v. Salis.

17. Des Dorfes Friedhof.
(Aus dem Englischen des Gray.)

Die Abendglocke tönt den Tag zur Ruh,
Die Heerden schleichen blökend vom Revier;
Der Pflüger rudert schwer der Hütte zu,
Und läßt die Welt der Dunkelheit und mir.

Der Glanz der Gegend schmilzt nun Zug für Zug,
Und tiefe Feierstille hält die Luft;
Der Käfer bröhnt nur dort noch seinen Flug,
Wo Schlummerklang zum fernen Pferche ruft.

Nur dort tönt's noch durch alte Rudera,
Wo es der Eule Murrsinn Lunen klagt,
Daß noch ein Wandrer, ihrer Grotte nah,
Ihr ödes Heiligthum zu stören wagt.

An dieser Ulme, diesem Eschenbaum,
Wo sich der Grund in Moderhügeln hebt,
Ruh'n stille Ahnen in dem engen Raum,
Die in dem kleinen Dörfchen einst gelebt.

Des Morgens Balsamduft am Lindengang,
Vom Binsendach der Schwalbe Wirbellauf,
Des Hahnes Kräh'n, des Hornes Wiederklang
Weckt sie nicht mehr vom kleinen Lager auf.

Für dich brennt nun der gute Herd nicht mehr;
Kein Hausweib sorgt für deinen Abendgruß;
Kein Knabe lauscht des Vaters Wiederkehr,
Und klimmt mit Neid am Knie um einen Kuß.

Oft sank das Korn in ihrer Eisenhand,
Oft riß das Brachfeld unter ihrem Pflug:
Wie fröhlich trieb ihr Fuhrwerk über Land!
Wie fiel der Wald, wenn ihre Sehne schlug!

Verspotte nie der Ehrgeiz ihre Müh,
Ihr unbekanntes Glück, ihr kleines Fest;
Hohnlächle nie die Größe über sie,
Wenn sie das Buch der Armuth lesen läßt.

Der Wappen Prahlerei, der Pomp der Macht,
Was je der Reichthum und was Schönheit gab,
Sinkt unerlöschlich hin in Eine Nacht:
Der Pfad der Ehre führet nur in's Grab.

Ihr Stolzen, rechnet nicht es ihnen an,
Wenn auf ihr Grab der Ruf nicht Marmor hebt,
Wo durch das Chorgewölbe himmelan
Des Lobes Note schwellend wieder bebt!

Ruft je der Urne, ruft der Büste Laub
Mit Künstlergeist den flieh'nden Hauch empor?
Belebt des Ruhmes Stimme je den Staub?
Rührt Schmeichelei des Todes kaltes Ohr?

Vielleicht in diesem dunkeln Winkel ruht
Ein Herz, auch einst von Götterfeuer warm;
Und Hände für der Laute Freudengluth,
Und für des Scepters Schwung ein Heldenarm.

Doch Wissenschaft entrollt ihr großes Buch,
Reich von der Zeiten Raub, nicht ihrem Blick:
Der starre Mangel hemmt den Kraftversuch,
Und drängt der Seele Schöpferstrom zurück.

Des Meeres fadenloser Boden hält
So manche Perle, deren Farbe glüht;
Und manches Lenzes schönste Blume fällt,
Die ungenossen in der Wildniß blüht.

Hier schläft vielleicht ein Hampden, dessen Muth
Dem kleinen Dorftyrannen widerstand;
Ein stummer Milton unbekannter Gluth,
Ein Cromwell, schuldlos an dem Vaterland!

Ihr Loos war nicht des Beifalls Jubelton,
Nicht in dem Schmerz die stolze Apathie;
Sie sah'n sich nicht im Blicke der Nation,
Der ihrer Weisheit Ueberfluß verlieh.

Ihr Tugendflug, ihr Lasterlauf begränzt,
Verbot ihr Loos den Weg zu einem Thron,
Der von dem Blute der Erschlagnen glänzt,
Oft allem wahren Menschensinne Hohn.

Gewissensangst war ihnen Strahlenlicht,
Erstickt war nie die Röthe holder Scham;
Sie opferten dem Stolz der Schwelger nicht
Mit Weihrauch, den man frech der Muse nahm.

Fern von des Thorenhaufens niederm Zank,
Verirrte nie sich ihre Nüchternheit;
Geräuschlos wandelten sie ihren Gang
Durch's kühle stille Thal der Lebenszeit.

Ein kleines Denkmal, das als Ehrenschild
Nur ihren Staub vor Schmähsucht decken soll,
Ein harter Reim, ein schlecht geformtes Bild
Verlangen eines Seufzers leichten Zoll.

Ihr Nam', ihr Jahr von ungelehrter Hand,
Ist ihnen mehr als Ruhm der Dichtung werth;
Und ländlich zieht die Muse rund am Rand
Den Spruch der Bibel, welcher sterben lehrt.

Am Freunde hing der Geist noch, als er schied,
Die Zähre that noch dunkeln Augen gut;
Auch aus dem Grabe ruft Natur ihr Lied,
Und in der Asche lebt die alte Gluth.

Seume.

18. Grabschrift eines Landmanns.

Freundlich empfange den Greis Amyntochos, gütige Erde,
Der sein Leben hindurch deine Gefilde verschönt.
Denn er reihete dir bald Sprößlinge fetter Oliven,
Bald der bromischen Traub' edle Gesenke zum Schmuck.
Reichlich lohnt ihm auch Deo, und froh der wässernden Quellen
Prangte das Gartengewächs, prangte balsamisches Obst.
Darum decke du sanft die silberhaarige Scheitel,
Und mit blühendem Kraut schwelle der Rasen empor.

Voß.

II.

Lust des Landlebens; Jahreszeiten.

19. Lob des Feldlebens.

O wohl, und mehr als wohl, dem, welcher weit vom Kriegen,
Von Sorgen, Müh' und Angst, sein Vatergut kann pflügen,
Lebt sicher und in Ruh, noch wie die alte Welt
Zu Zeiten des Saturns, und pflügt sein kleines Feld;
Spannt Roß und Ochsen für, darf seinen Sinn nicht kränken
Um armer Leute Schweiß, weiß nichts von Wechselbänken:
Von Wucher und Finanz, ist alles Kummers frei,
Daß nicht sein Hab und Gut im Meer ertrunken sei:
Darf auf der wüsten See nicht immer furchtsam schweben,
Von Winden umgeführt, da zwischen Tod und Leben
Ein daumendickes Bret: Gibt nicht auf's Bergwerk acht,
Da Stoll und Schacht sich oft verlieren über Nacht:
Erwacht nicht durch den Schall der starken Heer = Posaunen,
Erschrickt nicht von dem Blitz und Donner der Kartaunen,
Wie zwar der Landsknecht lebt, der Tag und Nacht das Land,
Das doch dem Meyer bleibt, schützt mit gewehrter Hand.
Er denkt nicht, wie er komm' hoch an das Bret für allen,
Und könne Königen und Herren wohlgefallen:
Tritt schlüpfrig nicht auf Eis, gibt seine Freiheit nicht
Um eine Handvoll Gunst, die eh als Glas zerbricht.

Er läßt sich auch nicht ein in fremder Leute Sachen,
Verurtheilt Niemand falsch, hilft krumm nicht grade machen,
Steht nicht in Furcht und Angst, hält für der Reichen Thür
Sein Hütlein in der Hand, und kommt doch selten für.
Das Alles darf er nicht, er hat was er begehret,
Sein Gut wird ihm von Gott, auch wenn er schläft bescheret,
Hat mehr, als der sein Herz auf bloßen Reichthum stellt,
Besitzt nicht, was er hat, ist arm, und hat viel Geld.
Er gehet fröhlich hin, führt jetzt die süßen Reben
An Ulmenbäumen auf, daß sie beisammen kleben,
Als ehelich vermählt: jetzt, weil die Schösse klein,
Bricht er, was wild ist ab, impft gute Sprößlein ein.
Nimmt bald die Schaufel her, macht Furchen frei, zu fließen
Dem Wasser über Feld, die Wiesen zu begießen,
So dürr und burstig steh'n, spaziert bald in das Gras,
Das durch den Silberthau des Morgens noch ist naß;
Bald stützt er einen Baum, der von der Frucht gebeuget,
Vor Last zerbrechen will, und sich zu Erden neiget:
Und etwan sieht er geh'n dort um das grüne Thal
Die Schafe, Kälber, Küh' und Ochsen überall:
Schaut er dann über sich, so sieht er seine Geisen
Das Laub von dem Gesträud' an einer Klippen reißen;
Darbei ihr Mann, der Bock, für Lust und Freuden springt,
Hört, wie der Hirte wohl von seiner Phyllis singt,
Die hinter einen Baum sich hatte nächst verkrochen,
Als er ihr schönes Obst und Blumen abgebrochen:
Hört, wie die braune Kuh im nächsten Thale brüllt,
Daß ihre rauhe Stimm' hoch über Feld erschüllt.
Bisweilen leert er aus den Honigmacherinnen
Ihr wächsern Königreich, das sie mit klugen Sinnen
Sehr artlich aufgebaut, nimmt auch zu rechter Zeit
Den feisten Schafen ab ihr dickes Wollenkleid.
Kommt dann, nachdem er hat den Sommer = Nutz empfangen,
Der Obst = und Trauben = Mann, der reiche Herbst gegangen,

Wie freut er sich so sehr, wenn er die Birnen ropft
Vom Baume, den er selbst vor dieser Zeit gepfropft,
Und lieset Aepfel auf, die selber abgefallen,
Nimmt ihm hernachmals für die schönsten unter allen,
Beißt ungeschälet an: geht dann, besieht den Wein,
Bricht reife Trauben ab, die Purpur ähnlich sein.
Ist er vom Gehen laß, so kann er sich fein strecken
Bald in den Schatten hin, wo ihn die Bäume decken,
Bald in das grüne Gras, an dem fürüber fleust
Das Wasser und durchhin mit stillem Rauschen scheust:
Bei dessen Rande dann die Feldheuschrecken springen,
Und mit dem langen Lied ihr Winterleid versingen:
Der Vögel leichtes Volk macht seinen Lobgesang,
Schreit überlaut und wünscht den Sommer noch so lang.
Die schöne Nachtigal läßt sonderlich sich hören,
Schwingt ihre Stimme hoch dem Meyer wie zu Ehren.
Die Frösche machen auch sich lustig an der Bach,
Und ihr Coar Coar gibt keinem Vogel nach.
Nicht weit von dannen kömmt aus einem kühlen Brunnen
Ein Bächlein durch das Gras, gleichwie Crystall, gerunnen,
Draus schöpft er mit der Hand, eh er sich schlafen legt,
Wozu der Bach Geräusch' und Murmeln ihn bewegt.
Wenn aber mit dem Eis und rauhen scharfen Winden
Der graue Winter kömmt, so kann er doch was finden,
Auch mitten in dem Schnee, das nützet und ergetzt,
Indem er jetzt ein Schwein mit seinen Hunden hetzt,
Und jetzt ein schnelles Reh in dem Gehege fället,
Bald mit dem Garne dann den leichten Hasen stellet:
Kommt auch, nachdem er hat von Jagen umgekehrt,
Lockt das Geflügel an auf seinen Vogelherd,
Fängt etwan einen Kranich, der in den Lüften irret,
Durch altes Zauberspiel in seiner Flucht verwirret:
Das theure Haselhuhn geht ihm nicht selten ein,
Rebhühner auch, so sonst die Zier der Tische sein.

Verfüget er sich heim, da hat er viel zu bauen,
Macht Blanken in den Zaun, schnitzt Flegel, stielt die Hauen,
Ergänzt den Pferdezeug, verwahrt das Taubenhaus,
Strickt Netz' und Jägergarn, putzt alles sauber aus;
Schaut dann den Pfauen zu, sieht, wie die stolzen Hahnen
Die Hühner übergehn, lockt zu sich die Fasanen:
Die Tauben haben sich gelagert um das Dach,
Die Rantze lauft der Magd mit ihren Ferklein nach.
Wie wollt' er dann nun wohl dies freie Leben hassen,
Und nicht der Städte Lust für seinen Wäldern lassen,
Vornehmlich auch, wann ihm sein Weib entgegenkömmt,
Und ihren lieben Mann frisch in die Arme nimmt!
Hat keine Larven für, ist schwarzbraun von der Sonnen,
Ihr Antlitz ist geschminkt mit Wasser aus den Bronnen,
Ihr Hut ist Haberstroh, ihr Kittel ist parat
Von Seiden, die sie selbst zuvor gesponnen hat.
Sie macht ein Feuer auf, ist mühsam und geschwinde,
Lauft hin und melkt die Küh', sobald als das Gesinde,
Ergreift den weiten Krug, bringt einen blanken Wein,
Der nicht muß allererst mit Zucker süße sein;
Dann decket sie den Tisch, und setzet auf die Speisen,
Darnach man nicht erst darf sehr viel Meilweges reisen,
Und die das wilde Meer hier an das Land gebracht,
Kauft keinen Stör, den nur die Würze theuer macht.
Kennt nicht, was Austern sein, weiß gar nicht von Lampreten,
Die erst der weise Koch in Malvasier muß tödten.
Artschocken findet man in seinem Garten nicht,
Melonen sind ihm auch nie kommen zu Gesicht.
Er hält bei sich vielmehr auf einen guten Schinken,
Und eingesalztes Fleisch, das Lust ihm macht zu trinken,
Sein bestes Essen ist Milch, Eier, Honig, Schmalz,
Für Spargen ißt er Kraut, anstatt der Würze, Salz.
Er lobt ein Lamm, das er dem Wolf erst abgejaget,
Ein frischer Kalbskopf ihm für Straußenhirn behaget,

Sticht selbst ein Ferklein ab, würgt einen feisten Hahn,
Der unwerth ist gemacht und nicht mehr buhlen kann.
Die Aepfel schmecken ihm viel besser, als Citronen,
Rapuntze, Kresse, Lauch, Kohl, Rüben, Erbsen, Bohnen,
Sauerampfer, Petersilie, Salat im frischen Oel,
Ist mehr ihm angenehm, als Safran und Kanöll.
Bei dieser seiner Kost er viel gesünder bleibet,
Als der zu essen pflegt, eh ihn der Hunger treibet;
Was mancher theuer kauft, wird ihm umsonst gewährt:
Sein Vorrath ist das Feld, sein Holz kömmt auf den Herd.
Indem er also ißt, hört er der Schafe Schellen,
Die von der Weide nun sich wieder heim gesellen,
Schaut wie die stolze Geis will für den Widder gehn,
Wie seine feisten Küh' in vollen Eutern steh'n,
Bald siehet er darauf die starken Rosse bringen
Den umgestürzten Pflug, und noch für Geilheit springen,
Mit denen und zuvor sein mühsames Gesind'
Eins nach dem andern sich gemach zu Hause find't.
Auf dieß sie an den Tisch heißhungrig niedersitzen,
Und essen, daß sie mehr als vor zu Felde, schwitzen.
Wann nachmals jedermann gesättigt ist vollauf,
Schmeckt aus der großen Kann ein guter Trunk darauf.
Legt sich hernach zur Ruh, schläft frei von Angst und Sorgen,
Bis ihn und sein ganz Haus der Hahn weckt, wann zu Morgen
Aurora sehen läßt ihr rosenrothes Haar,
Und mit dem klaren Schein umhüllt der Sternen Schaar.
Es stehe wer da will hoch an des Glückes Spitzen,
Ich schätze den für hoch, der kann hier unten sitzen,
Da keine Hoffart ist, kein äußerlicher Schein,
So nur die Augen füllt, und kann sein selber sein,
Bleibt von des Neides Gift' und Eifer ganz verschonet,
Weiß von der Sünde nicht, die in den Städten wohnet
Und in den Winkel steckt; stellt da sein Leben an,
Da seiner Unschuld selbst der Himmel zeugen kann,

Vertrauet Gott allein sein Wesen und Vermögen,
Sieht alles unter sich, lauft seinem Tod' entgegen,
Und scheut sein Stündlein nicht. Der ist gar sehr verblend't,
Der sonst zwar alles weiß, doch sich nicht selber kennt.

Opitz.
(Imitatio Horatiana.)

20. Das Landleben.

....

> O rus, quando ego te aspiciam? quandoque licebit,
> Nunc veterum libris, nunc somno et inertibus horis
> Ducere sollicitae jucunda oblivia vitae?
> Horat.

O Freund! wie selig ist der Mann zu preisen,
Dem kein Getümmel, kein Geschwirr von Eisen,
Kein Schiff, das Beute, Mast und Bahn verlieret,
Den Schlaf entführet!

Der nicht die Ruhe darf in Berge senken;
Der, fern vom Purpur, fern von Wechselbänken,
In eignen Schatten, durch den West gekühlet,
Sein Leben fühlet.

Er lacht der Schlösser, vom Geschütz bewachet,
Verhöhnt den Kummer, der an Höfen lachet,
Verhöhnt des Geizes in verschloßnen Mauren
Schlafloses Trauren.

Sobald Aurora, wenn der Himmel grauet,
Dem Meer entsteigend, lieblich niederschauet,
Flieht er sein Lager, das nur Meyen schmücken,
Mit heitern Blicken.

Er lobt den Schöpfer, hört ihm Lerchen singen,
Die durch die Lüfte sich dem Aug' entschwingen;
Hört ihm vom Zephyr lispelnd auf den Höhen
Ein Loblied wehen.

Er sieht auf Rasen Thau wie Demant blitzen;
Schaut über Wolken, von der Berge Spitzen,
Wie schön die Ebne, die sich blau verlieret,
Der Lenz gezieret.

Bald zeigt sich fliehend auf des Meeres Rücken
Ein Schiff von weitem den nachfliehnden Blicken,
Das itzt versinket, itzt sich wiederfindet,
Und itzt verschwindet.

Bald sieht er abwärts, voller Glanz und Prangen,
Noch Einen Himmel in den Fluthen hangen,
Noch Eine Sonne Amphitritens Gränzen
Grundaus durchglänzen.

Er geht in Wälder, wo an Schilf und Sträuchen
In krummen Ufern Silberbäche schleichen,
Wo Blüthen duften, wo der Nachtigallen
Lustlieder schallen.

Nun pfropft er Bäume, leitet Wassergräben,
Schaut Bienen schwärmen, führt an Wände Reben,
Nun tränkt er Pflanzen, zieht von Rosenstöcken
Und Nußstrauch Hecken.

Eilt dann zur Hütte, wo kein Laster thronet,
Wo bei der Unschuld Fried' und Wollust wohnet:
Weil seine Doris, die nur Liebreiz schminket,
Ihm freundlich winket.

Kein Knecht der Krankheit mischt für ihn Gerichte:
Denn Freud' und Arbeit würzt ihm Milch und Früchte,
Kein bang Gewissen zeigt ihm Schuld und Strafe
Im süßen Schlafe.

Freund! laß uns Goldburst, Stolz und Schlösser hassen,
Und Kleinigkeiten Fürsten überlassen.
Das Land, es ruft uns! komm, zum Sitz der Freuden,
Auf seine Weiden.
Ewald Chr. von Kleist.

21. Preis dem Lande!

Flumina amem silvasque inglorius.
Virg.

Wunderseliger Mann, welcher der Stadt entfloh!
Jedes Säuseln des Baums, jedes Geräusch des Bachs,
    Jeder blinkende Kiesel
    Predigt Tugend und Weisheit ihm.
Jedes Schattengesträuch ist ihm ein heiliger
Tempel, wo ihm sein Gott näher verüberwallt,
    Jeder Rasen ein Altar,
    Wo er vor dem Erhabnen kniet.
Seine Nachtigall tönt Schlummer herab auf ihn,
Seine Nachtigall weckt flötend ihn wieder auf,
    Wann das liebliche Frühroth
    Durch die Bäum' auf sein Bette scheint.
Dann bewundert er dich, Gott, in der Morgenflur,
In der steigenden Pracht deiner Verkünderin,
    Deiner herrlichen Sonne,
    Dich im Wurm und im Knospenzweig;
Ruht im wehenden Gras, wenn sich die Kühl' ergießt,
Oder strömet den Quell über die Blumen aus;
    Trinkt den Athem der Blüthe,
    Trinkt die Milde der Abendluft.

Sein bestrohetes Dach, wo sich das Taubenvolk
Sonnt und spielet und hüpft, winket ihm süßre Rast,
  Als dem Städter der Goldsaal,
  Als der Polster der Städterin.
Und der spielende Trupp schwirret zu ihm herab,
Gurrt und säuselt ihn an, flattert auf seinen Korb,
  Pickt ihm Erbsen und Körner
  Pickt die Krum' aus der Hand vertraut.
Einsam wandelt er oft, Sterbegedanken voll,
Durch die Gräber des Dorfs, wählet zum Sitz ein Grab,
  Und beschauet die Kreuze
  Mit dem wehenden Todtenkranz;
Und das steinerne Mal unter dem Fliederbusch,
Wo ein biblischer Spruch freudig zu sterben lehrt,
  Wo der Tod mit der Sense,
  Und ein Engel mit Palmen steht.
Wunderseliger Mann, welcher der Stadt entfloh!
Engel segneten ihn, als er geboren ward,
  Streuten Blumen des Himmels
  Auf die Wiege des Knaben aus!

Hölty.

---

22. Ländliche Freuden.

O Freund, dem unter niederm Dach
Die sel'ge Zeit verfließt,
So wie der sanfte Silberbach
Sich durch die Au' ergießt!

Dein Schlaf fliegt mit der Dämmrung fort;
Du eilest, satt der Ruh,
In's Feld: Gesundheit strömt dir dort
Aus tausend Blumen zu.

Du siehst die Flur sich ihre Brust
Mit Perlen überziehn,
Du siehst von jugendlicher Lust
Des Himmels Wange glühn.

Der Vogel hüpft von Zweig auf Zweig,
Und jubelirt bir vor:
Dein frohes Loblied steigt zugleich
Mit seinem Lied' empor.

Du fühlst, wie Zephyrs linder Hauch
Den schwülen Mittag kühlt,
Indem er hier mit Baum und Strauch,
Und dort mit Aehren spielt.

Du trinkst den süßen Traubenmost,
Und schöpfest frischen Muth;
Dein Feldbau würzet dir die Kost,
Und schafft dir leichtes Blut.

Du schläfst, wo dir ein Platz gefällt,
Zufriednen Herzens ein.
Dein ist die ganze schöne Welt,
Der ganze Himmel dein.

Gleim.

23. Sehnsucht nach dem Landleben.

Beatus ille, qui procul negotiis,
Paterna rura bubus suis exercet!
Horat.

„Wohl dem, der fern von der Geschäfte Drang,
Wie unsre Väter einst — die Zeit ist lang! —
Mit eig'nen Stieren pflügt die eig'nen Felder,
Und nicht auf Wucher ausleiht seine Gelder.

Zum Kriege ruft ihn nicht das schrille Horn,
Und nimmer ängstet ihn des Meeres Zorn,
Fern bleibt er von der Mächt'gen stolzer Schwelle,
Was kümmern ihn des Rechts verdrehte Fälle!
Er weilt vielmehr im abgelegnen Thal
Und schaut die Rinderheerden sonder Zahl,
Die brüllend an dem Bergesabhang weiden;
Unnütze Zweige eilt er abzuschneiden
Mit krummem Messer, Reiser pfropft er drauf
Und flicht die Reben an der Ulm' hinauf,
Den klaren Honig sammelt er in Krügen,
Die Lämmer scheeren — das ist sein Vergnügen.
Wenn auf der Flur der Herbst erhebt das Haupt,
Von Kränzen reifen Obstes schön umlaubt,
Dann kann er selbstgepflanzte Birnen pflücken
Und Trauben, die mit Purpurglanz sich schmücken,
Den Göttern dankend, die den Lohn beschert
Und seinen Grenzen gnädig Schutz gewährt.
Bald ruht er aus in alter Eichen Schatten
Und bald auf wohlgepflegten Rasenmatten,
Im tiefen Ufer strömt die Fluth entlang,
Vom Wald her klagt dazu der Vögel Sang,
Der Quelle Rieseln rauscht dem Ohr entgegen,
Zu leichtem Schlafe weiß das anzuregen.
Doch wenn der Sturm des Winters donnernd brüllt,
Und Regenguß und Schnee die Luft erfüllt,
Dann treibt er in das Netz als gute Beute
Den Eber hier und dort mit großer Meute;
Und spannt das Garn, das auf der Gabel hängt,
Darin sich naschhaft bald die Drossel fängt;
Den Kranich, wenn er angelangt vom Wandern,
Den Hasen strickt er, einen wie den andern,
Und nimmer hat er unterdeß gedacht
Der schlimmen Sorgen, so die Liebe macht.

Wenn nun ein sittsam Weib im Hause schaltet,
Die süßen Kinder pflegt, der Wirthschaft waltet,
Und raschen Laufes, braun vom Sonnenbrand,
Das Holz zum Herde trägt mit rüst'ger Hand,
Und alles selbst beschafft zum Abendschmause
Dem müden Mann, sobald er kommt nach Hause;
Wenn eig'nen Wein sie aus der Kanne gießt,
Die Kühe melket und den Stall verschließt:
Das tausch' ich nicht mit einem Austernschmause,
Mit keinem Steinbutt, den das Sturmgebrause
An unsern Strand verschlug vom Osten her,
Und keinen Auerhahn schätzt' ich so sehr,
Kein Haselhuhn, als der Olive Früchte
Auf fettem Zweige, die ich selber züchte,
Als Sauerampfer, den die Wiese trägt,
Und als den Lauch, der lind zu lösen pflegt.
Dazu ein Lamm — der Festtagsleckerbissen,
Ein Ziegenböcklein auch, dem Wolf entrissen!
Und welche Freude dann bei solchem Mahl,
Zu schau'n die feisten Schafe sonder Zahl,
Wie sie zum Stall in muntern Sprüngen schweifen, —
Die müden Stiere, die am Halse schleifen
Des Pfluges Eisen, sorgsam umgekehrt,
Der Sklaven reichen Schwarm am hellen Herd!" —
So sprach der Wuchrer Alfius mit Entzücken,
Als wollt' er heut noch seine Schoten pflücken,
Und trieb verborgte Gelder schleunig ein —
Um sie auf Zinsen wieder auszuleih'n.

Gisbert Freiherr Vincke.

24. Der Hof des Landmanns.

Komm, Muse, laß uns die Wohnung und häusliche Wirthschaft
         des Landmanns
Und Viehzucht und Gärten betrachten! — Hier steigt kein Marmor
         aus Bergen
Und zeiget Kämpfer; kein Tarus spitzt sich vor Schlössern; kein
         Wasser
Folgt hier dem Zuruf der Kunst. Ein Baum, worunter sein Ahnherr
Drei Alter durchlebte, beschattet ein Haus, von Reben umkrochen,
Durch Dorn und Hecken beschützt. — Ein Teich glänzt mitten im
         Hofe,
Mit grünem Floßkraut bestreut, wodurch aus scheinbarer Tiefe
Des Himmels Ebenbild blinkt. — Er wimmelt von zahmer Be-
         wohnern;
Die Henne jammert um's Ufer, und ruft die gleitenden Entchen,
Die sie gebrütet: sie flieh'n der Stiefmutter Stimme, durchplätschern
Die Fluth und nagen am Schilf. — Mit vorgebogenen Hälsen
Und zischend, treiben die Gänse fern von der Lustbahn der Jungen
Den zottigen Hofhund; dann spielen die haarigen Kinder, sie tauchen
Den Kopf in's Wasser, und hängen mit rudernden Füßen
Im Gleichgewichte. — Dort läuft ein kleines geschäftiges Mädchen,
Sein buntes Körbchen am Arm, verfolgt von weitschreitenden Hühnern.
Nun steht es und täuscht sie leichtfertig mit eitelem Wurfe; begießt sie
Nun plötzlich mit goldenem Korn, und sieht sie sich zanken und
         picken. —
Dort lauscht das weiße Kaninchen in dunkler Höhle und drehet
Die rothen Augen umher; springt endlich furchtsam zum Zaune
Und reißt an staubigen Pappeln. — Aus seinem Gezelte geht lachend
Das gelbe Täubchen, und kratzt mit röthlichen Füßen den Nacken

Und fliegt zum Liebling auf's Dach. Er zürnt ob dessen Verweilen
Und dreht sich um sich und schilt; bald rührt ihn das Schmeicheln
der Schönen,
Viel Küsse werden verschwendet, bis sie mit schnellem Gefieder
Die Luft durchlispeln, und aufwärts sich zu den Gespielen gesellen,
Die blitzend im Sonnenglanz schwärmen. Von blühenden Frucht=
bäumen schimmert
Der Garten, die kreuzende Gänge mit rother Dunkelheit füllen;
Und Zephyr gaukelt umher, treibt Wolken von Blüthen zur Höhe,
Die sich ergießen und regnen. — Zwar hat hier Wollust und
Hochmuth
Nicht Nahrung von Mohren entlehnt und sie gepflanzet; nicht
Myrthen,
Nicht Aloen blicken durch Fenster. — Das nützliche Schöne vergnüget
Den Landmann und etwa ein Kranz. — Durch lange Gewölbe von
Nußstrauch
Zeigt sich voll laufender Wolken der Himmel, und ferne Gefilde
Voll Seen, und buschige Thäler, umringt mit blauen Gebirgen. —
Die Fürstin der Blumen, die Lilie, erhebt die Krone zur Seite
Hoch über streifige Tulpen. O Tulipane, wer hat dir
Mit allen Farben der Sonne den offenen Busen gefüllet?
Ich grüßte dich Fürstin der Blumen, wenn nicht die göttliche Rose,
Die tausendblättrige schöne Gestalt, die Farbe der Liebe,
Den hohen bedornten Thron und den ewigen Wohlgeruch hätte! —
Die holde Maiblume drängt die Silberglöckchen durch Blätter;
Hier reicht mir die blaue Jacynthe den Kelch voll kühler Gerüche:
Es steigt unsehbarer Regen von lieblichen Düften zur Höhe,
Und füllt die Lüfte mit Balsam. Die Nachtviole läßt immer
Die stolzeren Blumen den Duft verhauchen; sie schließet bedächtig
Ihn ein, im Vorsatz, den Abend noch über den Tag zu verschönen! —
Ein wahres Bildniß des Weisen, den nicht, gleich prahlenden
Kämpfern,
Der Kreis von Zuschauern reizt, der tugendhaft wegen der Tugend,
In der Verborgenheit Schatten Gerüche der Wohlthaten ausstreut! —

Seht hin, wie brüstet der Pfau sich dort am farbigen Beete,
Voll Eifersucht über die Kleidung der fröhlichen Blumen stolziert er,
Kreist rauschend den grünlichen Schweif voll Regenbögen, und wendet
Den farbentrügenden Hals. — Die Schmetterlinge, sich jagend,
Umwälzen sich über den Bäumen mit bunten Flügeln; voll Liebe
Und unentschlossen im Wählen, beschauen sie Knospen und Blüthen. —
Indessen impfet der Herr des Gartens Zweige von Kirschen
Durchsägten Schleestämmen ein, die künftig über die Kinder,
Die sie gesäuget, erstaunen. — Das Bild der Anmuth, die Hausfrau
Sitzt in der Laube von Reben, pflanzt Stauden und Blumen auf
                                                          Leinwand;
Die Freude lächelt aus ihr. Ein Kind, der Grazien Liebling,
Mit zarten Armen am Hals ihr hangend, hindert sie schmeichelnd,
Ein andres tändelt im Klee, sinnt nach, und stammelt Gedanken. —
O dreimal seliges Volk, dem einsam in Gründen die Tage
Wie sanfte Weste verfliegen! Laß Andre dem Pöbel, der Dächer
Und Bäum' ersteiget, zur Schau in Siegeswagen sich brüsten,
Von Elephanten gezogen; laß sie der Wellen Gebirge
Mit Wolken von Segeln bedecken, und Japan in Westen versetzen!
Der ist ein Liebling des Himmels, den, fern von Thorheit und Lastern,
Die Ruh' an Quellen umschlingt! Auf ihn blickt immer die Sonne
Von oben lieblich herab; ihm braust kein Unglück in Wogen,
Ihm folgt die Reue nicht nach, nicht durch die wallenden Saaten,
Nicht unter die Heerden im Thal, nicht an sein Traubengeländer.
Er seufzt nicht eitele Wünsche, ihn macht die Höhe nicht schwindelnd,
Die Arbeit würzt ihm die Kost, sein Blut ist leicht wie der Aether,
Sein Schlaf entfliegt mit der Dämm'rung, ein Morgenlüftchen
                                                          verweht ihn. —

E. C. v. Kleist.
(Im Gedichte: Der Frühling.)

25. Die Einsamkeit auf dem Lande.

Sei gegrüßt, du Sitz der Ruh',
Holde, liebenswerthe Wüste,
Die, stieß mir ein Unmuth zu,
Diesen Unmuth mir versüßte!

Hat dein düsteres Gesträuch
Jene Schmerzen oft genähret,
Die man in der Schönheit Reich
Und im Reich der Lieb' erfähret:

O! so läßt die Dankbarkeit
Was du Gutes mir erwiesen
Auch nicht in Vergessenheit
Eingescharrt und ungepriesen.

Du besänftigest mein Herz,
Rufst die Jugendlust zurücke,
Wandelst den Verdruß in Scherz,
Machst mir den Verlust zum Glücke.

Sanft in deine Nacht verhüllt,
Fang' ich wieder an zu leben;
Hier soll selbst des Uebels Bild
Mir nicht mehr vor Augen schweben.

Frei von Vorurtheil und Wahn,
Die uns gern in Fesseln schmieden,
Seh' ich's Stand und Würden an,
Daß sie täuschen und ermüden.

Auch der Hof verblend't mich nicht;
Seines Zwanges überhoben,
Weiß ich hier von keiner Pflicht,
Wen ich hassen muß, zu loben.

Göttersöhne, welchen nur
Schmeicheleien wohlgefallen,
Wißt, man hört auf dieser Flur
Nur der Wahrheit Stimme schallen.

Bach, der du durch Blumen dich
Murmelnd aus den Felsenspalten
Zu mir drängest, freundschaftlich
Dich mit mir zu unterhalten —

Du verjagst aus meiner Brust
Alle Sucht nach Rang und Ehre.
Mehr als königliche Lust
Fühl' ich, wann ich nichts begehre.

Ich begehre keine Freuden,
Die nicht jeder fordern kann;
Meine Wünsche sind bescheiden,
Und der Weisheit unterthan.

Glänzt mit Saaten überzogen,
Durch die Morgensonn' erhellt,
Hier von kleinen Regenbogen
Ein bethautes Ackerfeld;

Klimmt' ein weißer Trupp von Schafen
Langsam dort vom Berg' herab,
Seinen Mittagsschlaf zu schlafen
Um Palämons Hirtenstab;

Tönen Feldschalmein und Lieder
Von des Dorfes Margaris
In dem Buchenwäldchen wieder:
Lauter Götterlust ist dies!

Aber ach! die leichten Stunden
Uebereilen ihren Schritt,
Nehmen Flügel, sind verschwunden:
Jede Lust verschwindet mit.

Meines Hauptes Lilien blühen
Hie und da: bald kömmt der Tod,
Jenen Rathschluß zu vollziehen,
Den ihm die Natur gebot.

O du Flur nach meinem Herzen,
Trift, die mir das Leben gab,
Lebe wohl! nicht ohne Schmerzen
Steig' ich zum Kocyt hinab.

Musen, mir so sehr ergeben,
Bald muß ich von hinnen geh'n.
Schöne Bäum', ihr saht mich leben,
Bald sollt ihr mich sterben seh'n.

Deckt indeß mit milden Schatten
Liebreich euren guten Wirth,
Bis er dort auf Lethens Matten
In Cypressenhainen irrt.

Ramler.
(Aus der Anthologie.)

26. Lust des Landmanns.

Hier in der niedern Hütte,
Bei euch ihr Lieben, hier
Gewährt, was ich ihn bitte,
Der güt'ge Himmel mir.
Wir lieben uns, und wissen,
Daß uns der Himmel liebt,
Da er uns zu genießen
So viele Güter gibt.

Der Fluren grüne Weiden,
Der Hain, des Bachs Krystall —
Seh'n wir nicht lauter Freuden
Und Wollust überall?
Die Arbeit unsrer Hände
Wird unserm Fleiße leicht,
Und hat ihr frohes Ende
Mit jedem Tag erreicht.

Der Himmel benebeiet
Durch seinen Segen sie;
Und unser Fleiß gereuet,
O er gereut uns nie.
Wir freu'n uns, und ermüden
Durch keine Klagen ihn.
Mit unserm Glück zufrieden
Seh'n wir die Tage flieh'n.

Lenau.
(Nicolaus Nimptsch Edler von Strehlenau.)

27. Die Landluft.

Geschäfte, Zwang und Grillen,
Entweiht nicht diese Trift;
Ich finde hier im Stillen
Des Unmuths Gegengift.
Ihr Schwätzer, die ich meide,
Vergeßt, mir nachzuzieh'n:
Verfehlt den Sitz der Freude,
Verfehlt der Felder Grün.

Es wehet, wallt und spielet
Das Laub um jeden Strauch,
Und jede Staude fühlet
Des lauen Zephyrs Hauch.
Was mir vor Augen schwebet,
Gefällt und hüpft und singt;
Und alles, alles lebet
Und alles scheint verjüngt.

Ihr Thäler und ihr Höhen,
Die Lust und Sommer schmückt!
Euch, ungestört, zu sehen
Ist, was mein Herz erquickt.
Die Reizung freier Felder
Beschämt der Gärten Pracht,
Und in die offnen Wälder
Wird ohne Zwang gelacht.

Die Saat ist aufgeschossen
Und reizt der Schnitter Hand;
Die blättervollen Sprossen
Beschatten Berg und Land.

Die Vögel, die wir hören,
Genießen ihrer Zeit,
Nichts tönt in ihren Chören
Als Scherz und Zärtlichkeit.

Wie thront auf Moos und Rasen
Der Hirt in stolzer Ruh!
Er sieht die Heerde grasen
Und spielt ein Lied dazu.
Sein muntres Lied ergötzet
Und scheut die Kenner nicht;
Natur und Lust ersetzet
Was ihm an Kunst gebricht.

Aus Dorf und Büschen bringet
Der Jugend Kern hervor,
Und tanzt und stimmt und singet
Nach seinem Haberrohr.
Den Reihentanz vollenden
Die Hirten auf der Hut,
Mit treu vereinten Händen,
Mit Sprüngen voller Muth.

Wie manche frische Dirne
Schminkt sich aus jenem Bach!
Und gibt an Brust und Stirne
Doch nicht den Schönsten nach.
Gesundheit und Vergnügen
Belebt ihr Aug' und Herz,
Und reizt in ihren Zügen
Und lacht in ihrem Scherz.

In jährlich neuen Schätzen
Zeigt sich des Landmanns Glück,
Und Freiheit und Ergötzen
Erheitern seinen Blick.

Verleumbung, Stolz und Sorgen,
Was Städte sklavisch macht,
Das schwärzt nicht seinen Morgen,
Das drückt nicht seine Nacht.

Nichts darf den Weisen binden,
Der alle Sinne übt,
Die Anmuth zu empfinden,
Die Land und Feld umgibt.
Ihm prangt die fette Weide
Und die bethaute Flur;
Ihm grünet Lust und Freude,
Ihm malet die Natur.

Hagedorn.

28. Das Dörfchen.

Ich rühme mir
Mein Dörfchen hier!
Denn schönre Auen,
Als rings umher
Die Blicke schauen,
Blüh'n nirgends mehr.
Welch ein Gefilde
Zum schönsten Bilde
Für Dietrichs Hand!
Hier Felsenwand,
Dort Aehrenfelder
Und Wiesengrün,
Dem blaue Wälder
Die Grenze ziehn!

An jener Höhe
Die Schäferei,
Und in der Nähe
Mein Sorgenfrei!
So nenn' ich meine
Geliebte, kleine
Einsiedelei,
Worin ich lebe,
Zur Lust versteckt,
Die ein Gewebe
Von Ulm und Rebe
Grün überdeckt.

Dort kränzen Schlehen
Die braune Kluft,
Und Pappeln wehen
In blauer Luft.
Mit sanftem Rieseln
Schleicht hier gemach
Auf Silberkieseln
Ein heller Bach;
Fließt unter Zweigen,
Die über ihn
Sich wölbend neigen,
Bald schüchtern hin;
Läßt bald im Spiegel
Den grünen Hügel,
Wo Lämmer geh'n,
Des Ufers Büschchen
Und alle Fischchen
Im Grunde seh'n.
Da gleiten Schmerlen
Und blasen Perlen;

Ihr schneller Lauf
Geht bald hinnieder,
Und bald herauf
Zur Fläche wieder. —

Ich rühme mir
Mein Dörfchen hier;
Denn schön're Auen,
Als rings umher
Die Blicke schauen,
Gibt's nirgends mehr!

Bürger.

29. Die schöne Aussicht.

Die Welt kam schön aus Gottes Hand,
  Und, daß sie schöner werde,
Schuf Gott den Menschen zu Verstand
  Aus einer Hand voll Erde.

Nicht nur der Garten Eden war
  Am schönsten dort zu schauen,
Wo siedelte das erste Paar,
  Ein Blumenbeet zu bauen:

Nicht minder schön ist überall
  Die nun gebaute Erde,
Bebaut von Menschen, daß sie all
  Ein Garten Eden werde.

Und schönres ist nicht auf der Welt
  Als wohnliche Gefilde,
Vom Fleiß der Menschenhand bestellt,
  Bewohnt vom Menschenbilde.

Die Aussicht wäre minder schön,
  Wenn hier nicht Kähne glitten
Im Strom, und dort an Rebenhöh'n
  Sich lehnten braune Hütten.

Rückert.

30. Der Lenz.

Da kommt der Lenz, der schöne Junge,
  Den Alles lieben muß,
Herein mit einem Freudensprunge
  Und lächelt seinen Gruß.

Und schickt sich gleich mit frohem Necken
  Zu all' den Streichen an,
Die er auch sonst dem alten Recken,
  Dem Winter, angethan.

Er gibt sie frei, die Bächlein alle,
  Wie auch der Alte schilt,
Die der in seiner Eisesfalle
  So streng gefangen hielt.

Schon zieh'n die Wellen flink von bannen
  Mit Tänzen und Geschwätz,
Und spötteln über des Tyrannen
  Zeronnenes Gesetz.

Den Jüngling freut es, wie die raschen
  Hinlärmen durch's Gefild,
Und wie sie scherzend sich erhaschen
  Sein aufgeblühtes Bild.

Froh lächelt seine Mutter Erde
Nach ihrem langen Harm;
Sie schlingt mit jubelnder Geberde
Das Söhnlein in den Arm.

In ihren Busen greift der Lose
Und zieht ihr schmeichelnd keck
Das sanfte Veilchen und die Rose
Hervor aus dem Versteck.

Und sein geschmeidiges Gesinde
Schickt er zu Berg und Thal:
„Sagt, daß ich da bin, meine Winde,
Den Freunden allzumal!"

Er zieht das Herz an Liebesketten
Rasch über manche Kluft,
Und schleudert seine Singraketen,
Die Lerchen in die Luft.

A. Grün, Graf von Auersperg.

31. Die Schönheit der Felder im Frühlinge.

Das Feld sei fröhlich, und Alles was darauf ist!

Gott Lob! die Sonne kehret wieder;
Der Frühling kommt; der sanfte Zephyr schwingt,
Von ihrem Strahl beleb't, sein thauigtes Gefieder;
Sein lauer Hauch durchdringt der starren Tellus Schooß,
Erwärmt und schwängert sie; jedweder Erdenkloß
Wird trächtig und gebiert ein fast lebendig Grün,
D'rauf tausend, tausend Blumen blüh'n.
Jtzt lacht das Feld uns an, da es der Sonne Strahlen

In dieser holden Frühlings = Zeit
Mit Leben, Licht und Heiterkeit
Erwärmen, schmücken und bemalen.
Es läßt, als wäre die Natur mit unsichtbaren Fingern
Bemüht, das falbe Gelb, des alten Grases Rest,
Ohn' Unterlaß zu mindern, zu verringern.
Sie schien fast einem Maler gleich, ein schönes Grün,
Um uns so Herz als Augen zu erfrischen,
Zum schmutzigen beständig zuzumischen.
Des Feldes Pracht, die Schönheit einer Wiesen,
Wenn sie des Frühlings Hand beblümt,
Wird nimmermehr genug gerühmt,
Noch weniger dafür der Schöpfer g'nug gepriesen.
Es liegt auf jedem Gras, es liegt auf jedem Blatt,
Indem die äuß're Fläche glatt,
Vom Sonnen = Glanz ein weißer Schein,
Wodurch sie nicht nur grün, zugleich versilbert sein.
Wenn nun die Luft sich sanfte reget,
Und ihr beweglich Laub beweget,
So siehet man auf ihren regen Spitzen
Viel kleine Lichter lieblich blitzen.
Die Blumen, die ich in der Nähe
So dicht, wie selbst das Gras, im frischen Grase sehe,
Sind, wenn man ihre Farb' aufmerksam unterscheidet,
In wunderschönen Schmuck gekleidet.
Sie scheinen an Gestalt und Schimmer kleine Sterne,
In tausendfachem Glanz und Schein,
Am grünen Firmament zu sein.
Wann aber unsre Blick' ein wenig in die Ferne,
Und auf dem weichen Klee gemächlich vorwärts schießen:
Sieht man der bunten Farben Pracht
Allmälig in einander fließen,
Wodurch sich, in verwunderlichem Glanz,
Ein unvergleichlich's herrlich's Ganz,
Aus recht unzähligen gefärbten Theilchen, macht.

Itzt blüh't und grünet Sand und Kies;
Es scheint das bunte Feld, vom Sonnen=Glanz bestrahlet,
Als eine Schilderei, worauf das Paradies
Mit solchen Farben abgemalet,
Woran kein Edelstein, wie schön er spielet, reichet.
Ja, wie ein Künstler oft, die Farben zu erhöhen,
Ein herrliches Gemäld' mit Firniß überstreichet,
So streicht die Sonn' es auch mit solchem Firniß an:
Daß unser Auge zwar was Himmlisches d'rin sehen,
Doch dessen Eigenschaft kein Kiel beschreiben kann.

Brockes.

32. Das Frühlingsmahl.

Wer hat die weißen Tücher
Gebreitet über das Land?
Die weißen, duftenden Tücher
Mit ihrem grünen Rand?

Und hat darüber gezogen
Das hohe blaue Zelt?
Darunter den bunten Teppich
Gelagert über das Feld?

Er ist es selbst gewesen,
Der gute reiche Wirth
Des Himmels und der Erden,
Der nimmer ärmer wird;

Er hat gedeckt die Tische
In seinem weiten Saal,
Und ruft was lebet und webet
Zum großen Frühlingsmahl.

Wie strömt's aus allen Blüthen
Herab von Strauch und Baum!
Und jede Blüth' ein Becher
Voll süßer Düfte Schaum.

Hört ihr des Wirthes Stimme?
Heran, was kriecht und fliegt,
Was geht und steht auf Erden,
Was unter den Wogen sich wiegt!

Und du, mein Himmelspilger,
Hier trinke trunken dich
Und sinke selig nieder
Auf's Knie und denk' an mich.

Wilhelm Müller.

33. Der Nachtfrost.

Morgens in des Maies Frühe, aus dem Schlaf voll Frühlingsträume,
Hob ich mich vom Lager, spähend durch das Laub der jungen Bäume
Nach des Himmels Morgenröthe, die im Osten aufwärts glühte,
Und das dunkle Heer der Wolken rosenfarbig übersprühte.

Stille ungewohnte Stille, unglückschweres, banges Schweigen
Lag, ein Alp, auf Trift und Waldung; aus den blüthbehangnen Zweigen
Tönten keiner Nachtigallen melodieenreiche Schläge,
Und der Chor der frohen Sänger schien verstummt im Waldgehege;

Aus dem Kelch der Blüthen schöpfte keiner Biene burst'ge Lippe,
Und, verschloss'nen Mundes, hingen von des Berges Felsenklippe
Tausend junge, kaum entkeimte, kaum gewund'ne Blumenkränze,
Alle trauernd, alle klagend, hingeknickt im schönen Lenze;

Hingerafft vom Eiseshauche Einer Nacht aus kaltem Norden,
Die voll Tücke war gekommen, alle Seligkeit zu morden,
Daß mit ihrer Winterkälte sie des holden Frühlings Erbe,
Alle Hoffnung, alle Wonne, alle Frühlingslust verderbe.

Darum diese Trauerstille, darum diese öde Stunde.
Winter schlug dem zarten Lenze eine tödtlich tiefe Wunde.
Ach! das mahnte an des Vaterlandes Frühling voller Narben,
Da im Busen uns der Blüthen und der Knospen tausend starben!

Und im Schmerz ob solchen Wandels warf ich mich verzweifelnd
                        nieder,
Winterfrost, der Lenzvergifter, rieselte durch meine Glieder;
Und im Grimme schaut' ich fragend nach des Himmels fernen
                        Zonen:
Warum muß des Winters Tücke so des Frühlings Liebe lohnen?

Sieh', da ward der Sonne Feuer überströmend ausgegossen,
Aus der Erde tausend neue Kelche sah ich bald ersprossen, —
Und die Sänger, neu ermuthigt, sangen ihre alten Lieder,
Rings in Wald und Thal erstanden war der holde Frühling wieder.

Eine Stimme aber tönte mahnend mir dies Wort entgegen:
Thor, Kleinmüthiger, der du verzweifelst Eines Sturmes wegen!
Sieh'! den bösen Wurm zu tödten, der zu deinen Füßen lieget,
War die Winternacht gekommen; nun erst hat der Lenz gesieget.

Kalender für deutsche Arbeit 1851.

34. Der Frühlingsabend.

Beglänzt vom rothen Schein des Himmels bebt
   Am zarten Halm der Thau;
Der Frühlingslandschaft zitternd Bildniß schwebt
   Hell in des Stromes Blau.

Schön ist der Felsenquell, der Blüthenbaum,
   Der Hain mit Gold bemalt;
Schön ist der Stern des Abends, der am Saum
   Der Purpurwolke strahlt!

Schön ist der Wiese Grün, des Thals Gesträuch,
   Des Hügels Blumenkleid;
Der Erlenbach, der schilfumkränzte Teich,
   Mit Blüthen überschneit!

O wie umschlingt und hält der Wesen Heer
   Der ew'gen Liebe Band!
Den Lichtwurm und der Sonne Feuermeer
   Schuf eine Vaterhand.

Du winkst, Allmächtiger, wenn hier dem Baum
   Ein Blüthenblatt entweht!
Du winkst, wenn dort, im ungemeßnen Raum,
   Ein Sonnenball vergeht.

                                   Matthison.

35. Die Lerche.

Gegrüßet seist du, du Himmelsschwinge,
Des Frühlings Bote, du Liederfreundin,
Sei mir gegrüßet, geliebte Lerche,
Die beides lehret, Gesang und Leben.

Der Morgenröthe, des Fleißes Freundin,
Erweckst du Felder, belebst du Hirten;
Sie treiben munter den Schlaf vom Auge:
Denn ihnen singet die frühe Lerche.

Du stärkst dem Landmann die Hand am Pfluge,
Und gibst den Ton ihm zum Morgenliede:
"Wach auf und singe, mein Herz voll Freude,
Wach auf und singe, mein Herz voll Dankes."

Und all' die Schöpfung, die Braut der Sonne,
Erwacht verjünget vom langen Schlafe,
Die starren Bäume, sie hören wundernd
Gesang von oben und grünen wieder.

Die Zweige sprießen, die Blätter keimen,
Das Laub entschlüpfet und horcht dem Liede.
Die Vögel girren im jungen Neste,
Sie üben zweifelnd die alten Stimmen.

Denn du ermunterst sie, kühne Lerche,
Beim ersten Blicke des jungen Frühlings,
Hoch über Beifall und Neid erhoben,
Dem Aug' entflogen, doch stets im Ohre.

Inbrünstig schwingst du dich auf zum Himmel
Und schlüpfst bescheiden zur Erde nieder.
Demüthig nistest du tief am Boden
Und steigst frohlockend zum Himmel wieder.

D'rum gab, o fromme, bescheid'ne Lerche,
Du über Beifall und Stolz erhob'ne,
Du muntre Freundin des frühen Fleißes,
D'rum gab der Himmel dir auch zum Lohne

Die unermüblich=beherzte Stimme,
Den Ton der Freude, den langen Frühling.
Selbst Philomele, die Liedergöttin,
Muß deinem langen Gesange weichen.

Denn ach! der Liebe, der Sehnsucht Klagen
In Philomelens Gesang ersterben;
Das Lied der Andacht, der Ton der Freude,
Das Lied des Fleißes hat langen Frühling.

Herder.

36. Der Mai.

Der Nachtigall reizende Lieder
Ertönen und locken schon wieder
Die fröhlichsten Stunden in's Jahr.
Nun singet die steigende Lerche,
Nun klappern die reisenden Störche,
Nun schwatzet der gaukelnde Staar.

Wie munter sind Schäfer und Heerde!
Wie lieblich beblümt sich die Erde!
Wie lebhaft ist jetzo die Welt!
Die Tauben verdoppeln die Küsse,
Der Entrich besuchet die Flüsse,
Der lustige Sperling sein Feld.

Wie gleichet doch Zephyr der Floren!
Sie haben sich weislich erkoren,
Sie wählen den Wechsel zur Pflicht.
Er flattert um Sprossen und Garben,
Sie liebet unzählige Farben,
Und Eifersucht trennet sie nicht.

Nun heben sich Binsen und Keime,
Nun kleiden die Blätter die Bäume,
Nun schwindet des Winters Gestalt;
Nun rauschen lebendige Quellen
Und tränken mit spielenden Wellen
Die Triften, den Anger, den Wald.

Wie buhlerisch, wie so gelinde
Erwärmen die westlichen Winde
Das Ufer, den Hügel, die Gruft!
Die jugendlich scherzende Liebe
Empfindet die Reizung der Triebe,
Empfindet die schmeichelnde Luft.

Nun stellt sich die Dorfschaft in Reihen,
Nun rufen euch eure Schalmeien,
Ihr stampfenden Tänzer hervor!
Ihr springet auf grünender Wiese,
Der Bauerknecht hebet die Liese
In hurtiger Wendung empor.

Nicht fröhlicher, weiblicher, kühner
Schwang vormals der braune Sabiner
Mit männlicher Freiheit den Hut.
O reizet die Städte zum Neide,
Ihr Dörfer voll hüpfender Freude!
Was gleichet dem Landvolk an Muth?

Hagedorn.

37. Pfingstreihen.

Tanzt, Paar um Paar, den Ringeltanz,
Am schönen Tag nach Pfingsten,
Bei Saitenklang, im Blumenkranz,
Ihr bräutlichsten und jüngsten!
Das Thal ist bunt und weich;
Es glänzt der blaue Teich;
Rings blühet Baum, und blüh't Gesträuch!
    Im Maien,
    Am Reihen,
Da freu'n, da freu'n
Sich hüpfende Knaben und Mägdelein!

Es raste Pflug und Egge heut,
Es raste Hark und Spaten!
Uns hat die schöne Sommerzeit
Zum Pfingstbier eingeladen!
Der Bursche, der im Ritt
Den Flimmerkranz erstritt,
Der tanzt voran, sein Liebchen mit!
    Im Maien,
    Am Reihen,
Da freu'n, da freu'n
Sich hüpfende Knaben und Mägdelein!

Heut warten Greis' und Hunde nur
Des Vieh's auf grüner Weide;
Doch trieben sie zur nächsten Flur
Und horchen unsrer Freude.
Der Wälder Wiederhall
Antwortet überall
Und froher schlägt die Nachtigall.
  Im Maien,
  Am Reihen,
Da freu'n, da freu'n
Sich hüpfende Knaben und Mägdelein!

Was gehst du, grüner Jäger, dort
Mit blankem Mordgewehre?
O Schande doch, daß heute Mord
Des Waldes Freude störe!
Komm, Jäger, sei nicht wild!
Die Sonne scheint so mild!
Und tanze mit von Freud' erfüllt!
  Im Maien,
  Am Reihen,
Da freu'n, da freu'n
Sich hüpfende Knaben und Mägdelein!

Auch unsers Fischers Nachen ruht
Bei aufgestellten Netzen;
Heut darf in sonnenheller Fluth
Sich Hecht und Stint ergötzen.
Komm, Jäger, her in's Grün,
Wo Bäum' und Mädchen blüh'n!
Eilt Mädchen, eilt, und fanget ihn!
  Im Maien,
  Am Reihen,
Da freu'n, da freu'n
Sich hüpfende Knaben und Mägdelein,

Die Hand geklatscht, und flink herum!
Ihr Männer dort, juchheiet,
Und trinkt der Braut Gesundheit um,
So oft ein Mädchen schreiet!
Dann kuckt und klappert sehr
Der Storch vom Giebel her;
Doch, Liebchen, nur von Ohngefähr!
    Im Maien,
    Am Reihen,
Da freu'n, da freu'n
Sich hüpfende Knaben und Mägdelein!

Auf, Jeder schwing im Ringeltanz
Sein Mädchen, fest umfangen!
Der Westwind kühlt ihr unterm Kranz
Die feuerrothen Wangen.
Im Kreise, froh der Schau,
Sitzt Mancher alt und grau,
Und drückt die Hand der alten Frau.
    Im Maien,
    Am Reihen,
Da freu'n, da freu'n
Sich hüpfende Knaben und Mägdelein!

Voß.

38. Sonntagsstille.

Sommersonntag, stiller Tag!
Fried' in allen Gauen;
Nichts ist, was sich regen mag,
Feiernd ruh'n die Auen.

Auch nicht ein geschäft'ges Rad
Knarrt auf allen Wegen,
Weder Hirt noch Heerde naht
Sich des Feldes Segen.

Leiser summt die Bien' am Saum
Reichgeschmückter Matten,
Und im Walde schweigt der Baum,
Vöglein ruht im Schatten.

Einsam nur ein Wand'rer geht
Durch des Segens Fülle;
Worte leihet sein Gebet
Dieser Sabbathstille.

Ernst. (Schleiden.)

39. Sommerlied.

Geh' aus, mein Herz, und suche Freud'
In dieser lieben Sommerzeit
An deines Gottes Gaben;
Schau' an der schönen Gärten Zier,
Und siehe, wie sie mir und dir
Sich ausgeschmücket haben.

Die Bäume stehen voller Laub,
Das Erdreich decket seinen Staub
Mit einem grünen Kleide.
Narcissen und die Tulipan
Die ziehen sich viel schöner an
Als Salomonis Seide.

Die Lerche schwingt sich in die Luft,
Das Täubchen fleucht aus seiner Kluft
Und macht sich in die Wälder.
Die hochgelobte Nachtigall
Ergötzt und füllt mit ihrem Schall
Berg, Hügel, Thal und Felder.

Die Glucke führt ihr Küchlein aus,
Der Storch baut und bewohnt sein Haus,
Das Schwälblein speist die Jungen;
Der schnelle Hirsch, das leichte Reh
Ist froh und kommt aus seiner Höh'
In's tiefe Gras gesprungen.

Die Bächlein rauschen in dem Sand,
Und malen sich an ihrem Rand
Mit schattenreichen Myrthen;
Die Wiesen liegen hart dabei
Und klingen ganz von Lustgeschrei
Der Schaf' und ihrer Hirten.

Die unverdross'ne Bienenschaar
Fleucht hin und her, sucht hier und dar
Ihr' edle Honigspeise;
Des süßen Weinstocks starker Saft
Bringt täglich neue Stärk' und Kraft
In seinem schwachen Reiße.

Ich selber kann und mag nicht ruh'n,
Des großen Gottes großes Thun
Erweckt mir alle Sinnen;
Ich singe mit, wenn alles singt,
Und lasse, was dem Höchsten klingt,
Aus meinem Herzen rinnen.

Ach, denk' ich, bist du hier so schön
Und lässest uns so lieblich geh'n
Auf dieser armen Erden;
Was will doch wohl nach dieser Welt
Dort in dem festen Himmelszelt
Und güldnen Schlosse werden!

O wär' ich da! o stünd' ich schon,
Ach süßer Gott, vor deinem Thron
Und trüge meine Palmen;
So wollt' ich nach der Engel Weis'
Erhöhen deines Namens Preis
Mit tausend schönen Psalmen.

Paul Gerhard. (Geistliche Andachten, herfürg. von Ebeling.)

40. Sommerbilder.

Blaue Berge!
Von den Bergen strömt das Leben.
Reine Luft für Mensch und Vieh,
Wasserbrünnlein spät und früh
Müssen uns die Berge geben.

Frische Matten!
Grüner Klee und Dolden schießen;
An der Schmehle schlank und fein
Glänzt der Thau wie Edelstein,
Und die klaren Bächlein fließen.

Schlanke Bäume!
Muntrer Vögel Melodeien
Tönen im belaubten Reiß,
Singen laut des Schöpfers Preis.
Kirsche, Birn' und Pflaum' gedeihen.

Grüne Saaten!
Aus dem zarten Blatt enthüllt sich
Halm und Aehre, schwanket schön,
Wenn die milden Lüfte weh'n,
Und das Körnlein wächst und füllt sich.

An dem Himmel
Strahlt die Sonn' im Brautgeschmeide,
Weiße Wölklein steigen auf,
Zieh'n dahin im stillen Lauf;
Gottes Schäflein geh'n zur Weide.

Herzensfrieden,
Woll' ihn Gott uns allen geben!
O dann ist die Erde schön.
In den Gründen, auf den Höh'n
Wacht und singt ein frohes Leben.

Schwarze Wetter
Ueberzieh'n den Himmelsbogen,
Und der Vogel singt nicht mehr.
Winde brausen hin und her,
Und die wilden Wasser wogen.

Rothe Blitze
Zucken hin und zucken wieder,
Leuchten über Wald und Flur.
Bange harrt die Creatur.
Donnerschläge stürzen nieder.

Gut Gewissen,
Wer es hat, und wer's bewachet,
In den Blitz vom Weltgericht
Schaut er, und erbebet nicht,
Wenn der Grund der Erde krachet.

Hebel.

41. Hagelschlag.

Vor dem Felde steht der Landmann
Mit gekreuzten Armen da:
„Ach wie schön noch heute morgens,
Reicher Segen, fern und nah;

Grün und fett die jungen Halme,
Hoffnungsreich, ein Augentrost,
Bis der Mittag kam, der schwüle,
Bis der Hagelschlag getost!

All die Halme nun erschlagen,
All die Hoffnungen nun Staub,
Und ein ganzes Jahr voll Sorgen
Einer Viertelstunde Raub!

Und da soll der Mensch nicht hadern,
Soll nicht weinend steh'n wie ich?
Soll nicht Schweiß und Fleiß verschwören,
Schicksal, grollen nicht auf dich?!" —

Und zum Landmann trat ein Pilger,
Der ihn also hört und sah:
„Sprich, du, dessen Saat zerschlagen,
Sprich, wie meinst du, steh' ich da? —

Tausend Saaten, wie die deinen,
Lang erwarteter Ertrag,
Freilich nur gesä't im Herzen,
Traf mir schon der Hagelschlag.

Saat ist Pflicht, doch Glück ist Ernte;
Tausend Saaten ohne Glück!
Armer, auf den ärm'ren richte
Deinen thränenfeuchten Blick!" —

Und der Landmann hört den Pilger,
Zieht ein lächelnd Spottgesicht;
Weil er nicht die Saat kann sehen,
Glaubt er an den Hagel nicht.

J. G. Seidl.

42. Feldkirche.

Durch des Kornes goldene Wogen
Hier und dort auf engem Pfad
Kommt der Waller Schaar gezogen,
Die dem niedren Kirchlein naht.

Wo der Lein mit lichten blauen
Augen nach dem Himmel blickt,
Steh'n die Mädchen und die Frauen,
Von der Hoffnung Traum umstrickt.

Freude klärt des Mannes Mienen,
Wie, gleich einer rothen See,
Ueberschwirrt von tausend Bienen,
Sich erstreckt der dichte Klee.

Die gebeugten Aehren wäget
Ernst der Greis in brauner Hand,
Zögernd, wie zum Abschied, präget
Sich sein Fuß in's reiche Land.

Alle hebt ein heiliges Wehen
Ueber Rechnen um Gewinnst —
In dem Kirchlein dann begehen
Sie den zweiten Gottesdienst.

Philipp Emrich.

43. An den Regenpfeifer.

Regenpfeifer, pfeife nur,
  Denn es durstet unsre Flur,
Und so lieblich nie erklang
Ihr der Nachtigall Gesang,
Wie ihr dein Gepfeif erklingt,
Das ihr Regenhoffnung bringt.

Regenpfeifer, pfeife nur,
  Zieh' herbei zu dieser Flur
Alle Wolken, wo sie ziehen,
Laß sie nicht vorüber fliehen
Wieder, eh' aus ihrem Schooß
Sich ein reicher Strom ergoß.

Alles sei wohl eingeweiht,
  Dem es zum Gedeih'n gereicht,
Jedes Hälmchen gelb und fahl,
Jeder Hügel dürr und kahl,
Jede Aehre körnerleicht,
Jeder Mühlbach wasserseicht.

Jedes Thierchen, jedes Laub,
  Jedes Leben, jeder Staub,

Der nun löscht die Durstbegier,
Regenbringer, danke dir,
Jeder Frosch im Pfuhle frisch,
Selbst erquickt der stumme Fisch.

Doch der Baum, auf dem dein Nest
Du gebaut, sei allerbest
Eingefeuchtet, eingetaucht,
Kühl durchschauert und durchhaucht
Sein Gezweig und sein Geäst,
Und nur trocken sei dein Nest.

Berg' es dich im Regensturm!
Aber einen Regenwurm
Gebe deiner nackten Brut
Erde mit dankbarem Muth,
Und uns andern, was uns frommt,
Jedem, was ihm wohlbekommt.

Rückert.

44. Der Sonntag auf dem Lande.

Der Samstag sitzt im Mondenschein,
Und schläfert in die Nacht hinein;
Er hat sich abgemüht am Tag,
Daß er wohl gerne ruhen mag.
„He da, Herr Nachbar!" ruft er dann
Zum Sonntag, der kaum halb erwacht,
„Nun fängt bei Euch die Arbeit an,
Denn eben schlägt es Mitternacht!"

Der Sonntag, bei des Freundes Ton,
Er kennet seine Pflichten schon.

Er zaubert d'rum auch länger nicht,
Obschon der Schlaf ihm noch gebricht.
Er reckt sich gähnend noch einmal,
Reibt sich die Augen, die noch zu,
Und sucht dann bei der Sterne Strahl
Sich Hemd und Rock und Strümpf und Schuh' —

Er zieht sich an sein schönstes Kleid,
Und nimmt zu seinem Putz sich Zeit;
Denn als der Hahn am Morgen schreit,
Da findet er sich erst bereit.
Er klopfet dann die Sonne auf,
Aus ihrem Bette, rosenweich,
Und zieht mit ihr in raschem Lauf
Durch sein, noch träumend, großes Reich.

Die Blumen, die die Nacht verschloß,
Die Fluren die der Thau begoß,
Die Vögel in der Nester Hut
Erheben sich zur Sonne Gluth.
Die Lämmer blöken in dem Stall,
Am Felsen rauscht der Wasserfall,
Und durch der Berge Wiederhall
Ertönt des Kirchleins Glockenschall.

Und hier und da am Fensterlein,
Zeigt sich ein blondes Köpfelein,
Grüßt freudenvoll den warmen Gast
Und putzt sich auf in froher Hast.
Die Alten geh'n in's Feld und schau'n,
Wie sich die Saat so schön gemacht,
Die Jungen steh'n am Gartenzaun;
Und sehen, wie die Liebste lacht.

Die Mutter prasselt in dem Herd,
Und, was die ganze Woch' verwehrt,
Hat heut' der Arbeitstage Geld
Auf leinenweißen Tisch gestellt.
Und wenn die Mahlzeit ist zu End',
Beginnt die Lust erst gar ihr Ziel,
Dann rühren sich die starken Händ'
Zum Karten= und zum Kegelspiel.

Dann geht mit Pfeife und mit Stock
Die Jugend aus im langen Rock,
Die Liebste, mit der Bänder Schwarm,
Gar wunderbar verziert, am Arm.
Dann sieht im Dorf sich Alles gleich,
Die Geige tönet aus der Fern',
Es tanzet jauchzend Arm und Reich,
Denn Jeder spielet heut' den Herrn.

Der Sonntag ist der schönste Tag,
Die ganze Woche seufzt ihm nach;
O, wenn es immer Sonntag wär!
Dann gäb' es keine Sorgen mehr.
Doch in der höchsten Seligkeit
Genießt man ihn nur auf dem Land',
Er ist der Trost der gold'nen Zeit,
Wo Jedermann sich glücklich fand.

Laurian Moris.

45. Der reiche Herbst.

Der Frühling hat es angefangen,
Der Sommer hat's vollbracht,
Seht, wie mit seinen rothen Wangen
So mancher Apfel lacht!

Es kommt der Herbst mit reicher Gabe,
Er theilt sie fröhlich aus;
Und geht dann, wie am Bettelstabe
Ein armer Mann, nach Haus.

Voll sind die Speicher nun und Gaden,
Daß nichts uns mehr gebricht.
Wir wollen ihn zu Gaste laden;
Er aber will es nicht.

Er will uns ohne Dank erfreuen,
Kommt immer wieder her:
Laßt uns das Gute d'rum erneuen,
Dann sind wir gut wie er!

Hoffmann von Fallersleben.

46. Herbstlied.

Du loser Schelm, du bunter Herbst
Springst über Thal und Halbe,
Mit deinen bunten Lichtern färbst
Blätter und Frucht du im Walde.

Dem Apfelbaum, dem Apfelbaum
Küssest du roth die Kinder.
Der spröden Nuß, sie merkt es kaum,
Regst du das Herzchen geschwinder.

Am Rebenstock, am Rebenstock
Kletterst du auf und nieder,
Und wirfst den Trauben den blauen Rock
Ueber die schwellenden Glieder.

Manch' tollen Junggesellenstreich
Würdest du noch vollbringen,
Wollt' nicht der grämliche Winter gleich
Sein eisiges Zepter schwingen.
Adolph Böttger.

47. Kirchweihtanz.

Juchhe! Abendroth
Endet Arbeit, Müh' und Noth.
Geigen, Klarinetten, Flöten,
Hörner, Pauken und Trompeten
Spielen auf zum Kirchweihtanz.
Und das Mädel ziert der Kranz.

Juchhe! Arm in Arm
Wird das Herz im Tanz so warm.
Um die Säule wogt der Reigen.
Ob's die Lippen auch verschweigen,
Alles spürt der Liebe Lust
Doch lebendig in der Brust.

Juchhe! Froher Sang!
Nehmt die Gläser! Kling und Klang!
Der ich gern in's Herz es schriebe,
Wie ich sie so innig liebe,
Sie soll leben! Sieh mich an,
Käthe! Willst du mich zum Mann?

Juchhe! Gute Nacht!
Glücklich, wem die Liebe lacht!
Wenn die Sterne leuchten müssen,
Soll es sich am besten küssen.
Käthe, hast du dir's bedacht?
Sprich erst morgen früh: Gute Nacht!

Friedrich Albrecht.

48. Martini-Kirchweihe.

O heiliger Martine,
  Kommst du nun bald in's Land?
  Vom Himmel vollauf Regen,
  Und Koth auf allen Wegen,
  Das ist für dich ein Wetter,
  Da bist du bei der Hand.

O heiliger Martine,
  Die Gänse schreien schon;
  Sie schreien sehr und klagen:
  Es geht uns an den Kragen,
  O seht das lange Messer!
  Es kommt der Kirchweihpatron.

O heiliger Martine,
  Die Braten sind im Haus,
  Dazu die warmen Kuchen;
  Mach' nur, daß Gäst' uns besuchen,
  Und sich nicht scheu'n vor'm Wetter,
  Du machst dir ja auch nichts daraus.

O heiliger Martine,
  Laß klingen die Geigen im Land!
  Laß tanzen, trinken und essen!
  Auch deine Zeit ist gemessen;
  Balb kommt die heilige Kathrine,
  Und hängt die Geig' an die Wand.

Rückert.

49. Die Schwalben.

Es fliegen zwei Schwalben in's Nachbar sein Haus,
Sie fliegen bald hoch und bald nieder;
Auf's Jahr da kommen sie wieder
Und suchen ihr voriges Haus.

Sie gehen jetzt fort in's neue Land
Und ziehen jetzt eilig hinüber;
Doch kommen sie wieder herüber,
Das ist einem Jeden bekannt.

Und kommen sie wieder zu uns zurück,
Der Bauer geht ihnen entgegen;
Sie bringen ihm vielmal den Segen,
Sie bringen ihm Wohlstand und Glück.

Aus des Knaben Wunderhorn.

50. Ein Lied vom Reifen.

Seht meine lieben Bäume an,
   Wie sie so herrlich steh'n,
Auf allen Zweigen angethan
   Mit Reifen wunderschön!

Von unten an bis oben 'naus
   Auf allen Zweigelein
Hängt's weiß und zierlich, zart und kraus,
   Und kann nicht schöner sein;

Und alle Bäume rund umher
   All' alle weit und breit
Steh'n da geschmückt mit gleicher Ehr,
   In gleicher Herrlichkeit.

Und sie beäugeln und beseh'n
   Kann jeder Bauersmann,
Kann hin und her darunter geh'n
   Und freuen sich daran.

Auch holt er Weib und Kinderlein
   Vom kleinen Feuerherd,
Und marsch mit in den Wald hinein:
   Und das ist wohl was werth.

Einfältiger Natur=Genuß,
   Ohn' Alfanz d'rum und d'ran,
Ist lieblich, wie ein Liebeskuß
   Von einem frommen Mann.

Ihr Städter habt viel schönes Ding,
   Viel Schönes überall,
Credit und Geld und goldne Ring,
   Und Bank und Börsensaal!

Doch Erle, Eiche, Weid' und Ficht'
   Im Reifen nah' und fern —
So gut wird's Euch nun einmal nicht
   Ihr lieben reichen Herr'n!

Das hat Natur, nach ihrer Art
   Gar eignen Gang zu geh'n,
Uns Bauersleuten aufgespart,
   Die anders nichts versteh'n.

Viel schön, viel schön ist unser Wald!
   Dort Nebel überall,
Hier eine weiße Baumgestalt
   Im vollen Sonnenstrahl.

Lichthell, still, edel, rein und frei,
   Und über alles fein! —
O aller Menschen Seele sei
   So lichthell und so rein!

Wir seh'n das an, und denken noch
   Einfältiglich dabei:
Woher der Reif, und wie er doch
   Zu Stande kommen sei?

Denn gestern Abend Zweiglein rein,
   Kein Reifen in der That! —
Muß einer doch gewesen sein,
   Der ihn gestreuet hat.

Ein Engel Gottes geht bei Nacht,
　　Streut heimlich hier und dort.
Und wenn der Bauersmann erwacht,
　　Ist er schon wieder fort.

Du Engel, der so gütig ist,
　　Wir sagen Dank und Preis.
O mach' uns doch zum heil'gen Christ
　　Die Bäume wieder weiß!

　　　　　　　　　　　Claudius.

51. Der Schnee.

Ist droben Baumwoll' etwa feil?
Sie schütten doch ein redlich Theil
Herab in Garten und auf's Haus,
Es schneit doch, wahrlich, 's ist ein Graus,
Und 's hängt noch mancher Wagen voll
Am Himmel dort, das merk' ich wohl.

Die Menschen flieh'n in vollem Lauf'
Und haben Baumwoll' all' zu Kauf;
Der trägt sie auf den Achseln schon,
Der auf dem Hut und läuft davon!
Was lauft ihr denn? 's ist ja noch früh!
Habt ihr vielleicht gestohlen sie?

Und jeder Pfahl, herab, hinauf
Am Garten, hat sein Käppchen auf

Und dünkt sich, wie ein großer Herr,
Es steh' allein geschmückt nur er!
Der Nußbaum gibt ihm doch nichts nach,
Und's Herrnhaus und das Kirchendach!

Wohin man sieht, ist weit und breit
Der Acker und die Straß' beschneit:
Manch' Samenkörnchen, klein und zart,
Liegt in der Erde wohl verwahrt,
Und schneit's gleich, was es schneien mag,
Es harrt auf seinen Ostertag.

Manch' Sommervöglein schöner Art
Liegt in der Erde wohl verwahrt,
Hat keine Sorge, keine Klag',
Und harrt auf seinen Ostertag.
Und währt's auch lang', er kommt gewiß;
Indessen schläft es sanft und süß.

Und wenn im Lenz die Schwalbe singt,
Die Sonne wärmend niederbringt,
Dann wacht es auf, verläßt sein Grab
Und streift das Todtenhemdlein ab.
Die kleinste Gruft zersprengt ihr Thor,
Und 's Leben schlüpft verjüngt hervor.

Hebel.

52. Der Bauer im Winter.

Ich leb' das ganze Jahr vergnügt,
Im Frühling wird das Feld gepflügt
Da hängt die Lerche über mir
Und singt ihr krauses Lied mir für.

Und kommt die liebe Sommerszeit,
Wie hoch wird da mein Herz erfreut,
Wenn ich vor meinem Acker steh',
Und so viel tausend Aehren seh'.

Alsbald die Sicheln dengle ich,
Der Grille Lied ergötzet mich;
Dann fahr' ich in das Feld hinaus,
Schneid' meine Frucht und führ's nach Haus.

Im Herbst seh' ich die Bäume an,
Schau Aepfel, Birn' und Zwetschen d'ran;
Und sind sie reif, so schüttl' ich sie,
So lohnet Gott des Bauern Müh.

Jetzt ist die kalte Winterszeit,
Mein Schindeldach ist überschneit,
Das ganze Feld ist kreideweiß;
Mein Weiher ist bedeckt mit Eis.

Ich aber bleib' bei hellem Muth,
Mein Pfeifle Tabak schmeckt mir gut.
Von mir wird mancher Span geschnitzt,
Wenn's Weible bei der Kunkel sitzt.

Die Kinder hüpfen um mich 'rum,
Und singen heisa dudeldum!
Mein' Urschel und mein kleiner Hans,
Die drehen sich im Schleifertanz.

Und kommt der liebe Sonntag 'ran,
Zieh' ich mein Scharlachwammes an;
Geh' in die Kirch in guter Ruh,
Und hör' des Pfarrers Predigt zu.

Und komm' ich heim, so wird verzehrt,
Was mir der liebe Gott beschert;
Und nach dem Essen les' ich dann
Im Krankentrost und Habermann.

Und bricht die Abendzeit herein,
So trink ich halt mein Schöpple Wein;
Da liest der Herr Schulmeister mir
Was Neues aus der Zeitung für.

Dann geh' ich heim, im Köpfle warm,
Und nehm' mein liebes Weib in Arm;
Leg' mich in's Bett und schlaf froh ein —
Kann wohl ein Mensch vergnügter sein?

       Fr. Dan. Schubart.

53. Winterlied.

Wie ruhest du so stille
In deiner weißen Hülle,
Du mütterliches Land!
Wo sind des Frühlings Lieder?
Des Sommers bunt Gefieder,
Und dein beblümtes Festgewand?

Du schlummerst nun entkleidet;
Kein Lamm, kein Schäflein weidet
Auf deinen Au'n und Höh'n.
Der Vöglein Lied verstummet,
Und keine Biene summet,
Doch bist du auch im Winter schön.

Die Zweig' und Aestlein schimmern,
Und tausend Lichter flimmern,
Wohin das Auge blickt.
Wer hat dein Bett bereitet,
Die Decke dir gespreitet,
Und dich so schön mit Reif geschmückt?

Der gute Vater droben
Hat dir dein Kleid gewoben,
Er schläft und schlummert nicht.
So schlummre denn in Frieden,
Der Vater weckt die Müden
Zu neuer Kraft, zu neuem Licht.

Bald in des Lenzes Weh'n
Wirst du verjüngt erstehen
Zum Leben wunderbar.
Sein Odem schwebt hernieder,
Dann, Erde, stehst du wieder
Mit einem Blumenkranz im Haar.

Krummacher.

54. Winterbild.

Das Feld ist weiß, so blank und rein,
Vergoldet von der Sonne Schein,
Die blaue Luft ist stille;
Hell wie Krystall
Blinkt überall
Der Fluren Silberhülle.

Der Lichtstrahl spaltet sich im Eis,
Er flimmert blau und roth und weiß,
Und wechselt seine Farbe.
Aus Schnee heraus
Ragt, nackt und kraus,
Des Dorngebüsches Garbe.

Von Reifenduft befiedert sind
Die Zweige rings, die sanfte Wind'
Im Sonnenstrahl bewegen.
Dort stäubt vom Baum
Der Flocken Flaum
Wie leichter Blüthenregen.

Tief sinkt der braune Tannenast
Und drohet mit des Schnees Last
Den Wandrer zu beschütten;
Vom Frost der Nacht
Gehärtet, kracht
Der Weg von seinen Tritten.

Das Bächlein schleicht von Eis geengt;
Voll lauter blauer Zacken hängt
Das Dach; es stockt die Quelle;
Im Sturze harrt,
Zu Glas erstarrt,
Des Wasserfalles Welle.

Die blaue Meise piepet laut;
Der muntre Sperling pickt vertraut
Die Körner vor der Scheune.
Der Zeisig hüpft
Vergnügt und schlüpft
Durch blätterlose Haine.

Wohlan! auf festgebieg'ner Bahn
Klimm' ich den Hügel schnell hinan,
Und blicke froh in's Weite;
Und preise den,
Der rings so schön
Die Silberflocken streute.

v. Salis.

55. Ein Lied hinterm Ofen.

Der Winter ist ein rechter Mann,
    Kernfest und auf die Dauer:
Sein Fleisch fühlt sich wie Eisen an,
    Und scheut nicht Süß und Sauer.

War je ein Mann gesund, ist er's;
    Er krankt und kränkelt nimmer,
Weiß nichts von Nachtschweiß, noch Vapeurs,
    Und schläft im kalten Zimmer.

Er zieht sein Hemd im Freien an,
    Und läßt's vorher nicht wärmen;
Und spottet über Fluß im Zahn
    Und Kolik in Gedärmen.

Aus Blumen und aus Vogelsang
    Weiß er sich nichts zu machen,
Haßt warmen Pfühl und warmen Trank
    Und alle warmen Sachen.

Doch wenn die Füchse bellen sehr,
    Wenn's Holz im Ofen knittert,
Und um den Ofen Knecht und Herr
    Die Hände reibt und zittert;

Wenn Stein und Bein vor Frost zerbricht
    Und Teich' und Seen krachen —
Das klingt ihm gut, das haßt er nicht,
    Dann will er todt sich lachen. —

Sein Schloß von Eis liegt ganz hinaus
  Bei'm Nordpol an dem Strande;
Doch hat er auch ein Sommerhaus
  Im lieben Schweizerlande.

Da ist er denn bald dort, bald hier,
  Gut Regiment zu führen.
Und wenn er durchzieht, stehen wir
  Und seh'n ihn an und frieren.

Claudius.

III.

Bestellung des Feldes.

56. Sinnspruch.

Dem Bergwerk ist zu trauen,
Das mit dem Pflug wir bauen.

Friedrich von Logau.

57. Der Pflug.

Durch weiter Steppen sonnverbrannt Gefild,
Wo spärlich des Nomaden Heerde zieht,
Wo vor des Menschen ungewohntem Bild
Das scheue Roß, wie vor dem Wolfe, flieht,
Und selten nur ein halbverdorrter Baum
Einmal begrenzt des Horizontes Raum —
Reitet ein Wand'rer auf verlassenen Wegen
Dem fernen Ziel des Heimathland's entgegen.

Es lieget hinter ihm manch' schlimmes Jahr,
Verbracht bei Völkern ohne Zucht und Recht,
Wo jeder Tag neu zeugt Noth und Gefahr,
Und Leben ist ein ewiges Gefecht.
Es lieget hinter ihm die Einsamkeit
Der Wüsten, und noch dehnt sich vor ihm weit,
Unübersehbar, flach und öd', die Steppe,
Gehüllt in ihre braune Trauerschleppe.

In trübem Sinnen reitet er dahin:
Wird mir am Abend eine Lagerstatt?
Der Wechselrede freundlicher Gewinn?
Wird Mensch und Thier sich einmal pflegen satt?
Schon wochenlang dehnt sich der Reisezug,
Und der Entbehrung wird es bald genug —
Gebenedeit sei mir das erste Zeichen,
Daß ich der Wildniß Grenzen werd' erreichen!

Da hebt sein müder Gaul die Nüstern auf,
Und wiehert freudig in den Abendstrahl,
Dann streckt die Schenkel er zu rascherem Lauf —
Und sieh' — was hebt sich dort, gleich einem Mal,
Wenn niedrig auch, aus braunem Grund empor?
Ha, wenn sein Aug' die Sehkraft nicht verlor,
Darf dort das Werkzeug als Gewähr ihm gelten,
Er stehe an der Marke zweier Welten.

Es ist ein Pflug! Ein ungefüges Ding,
Aus rauhem Holz armselig zugeschnitzt,
Doch gegen seinen Anblick däucht gering
Dem Wand'rer, was an Werth er noch besitzt.
Er schwingt vom Pferd herab sich auf das Land,
Und wie zum Gruß legt er darauf die Hand;
D'rauf ziehet er die Waffen aus der Scheide,
Und schleudert sie verächtlich in die Weite.

Denn wo der Pflug — so spricht er — friedlich geht,
Bedarf es nicht des blutigen Säbels mehr;
Da ist Gesittung, Ordnung, Recht, — es steht
Nicht Nachbar gegen Nachbar in der Wehr.
Aus seinen Furchen sprosst nicht blos die Saat
Der goldenen Körner — nein, es ist der Staat
Der Bildung und der Menschlichkeit gebunden
An diese segensreichen Erdenwunden!

Gegrüßt sei mir, geliebtes Heimathland!
Nicht irr' ich fürder mehr — ich bin am Ziel,
Deß' bürgt der Pflug, der an der Wüste Rand
Als erstes Zeichen mir in's Auge fiel.
Dort wirbelt Rauch empor zum Himmelszelt,
Dort wohnen Menschen einer neuen Welt —
Denn der nur darf sich mit dem Namen zieren,
Der lernt den Pflug zu achten und zu führen!

Philipp Emrich.

58. Lern' von der Erde!

Lern' von der Erde, die du bauest, die Geduld, —
Der Pflug zerreißt ihr Herz, und sie vergilt's mit Huld.

Rückert.

59. Beste Waffe.

Von Eisen gibt es ein Instrument,
Es gehört zwar nicht zu den Waffen,
Doch ist das Zerstören sein Element,
Und unaufhörlich zerstört es und trennt
Das Schönste, was Gott erschaffen.

Wohl schlägt es Wunden, doch heilen sie schnell,
Bevor noch ein Sommer verschwunden;
Das thränende Auge, es wird wieder hell,
Und reichlichen Segens ein sprudelnder Quell
Entströmt den geschlossenen Wunden.

Ihr werdet Alle wohl sicherlich
Das nützliche Werkzeug schon kennen;
Ackerpflug nennt es gewöhnlich sich,
Das Schwert des Friedens, so möchte ich
Die friedliche Waffe nennen.

Der Ritter des leidigen Krieges trug
Das blinkende Schwert zur Wehre;
Der Ritter des Friedens, er führet den Pflug,
Und achtet ihn sich mit Recht und mit Fug
Nicht minder zum Ruhm und zur Ehre.

Mag welken der Lorbeer, behalten nur Glanz
Des friedlichen Oelbaums Zweige.
Heil Euch, im schwellenden Aehrenkranz,
Ihr wacker'n Bebauer des Vaterlands
Im Reich der germanischen Eiche!

Wohlauf denn, die klingenden Gläser zur Hand,
Und leert sie in einem Zuge:
Hoch lebe der friedliche Kriegerstand,
Und das Schwert des Friedens im deutschen Land
Und hoch — die Ritter vom Pfluge!

A. Stöckhardt.

60. Pflügt tief!

Pflügt tief und findet Gold, ihr Jungen!
   Pflügt tief und hebt das edle Gold!
Wenn ihr der Erde Schooß bezwungen,
   Dann bietet sie euch Schätze hold.

Es kröne Wald den Kamm der Berge,
   Es woge grünes Korn im Thal,
Dann braucht nicht mehr der kühne Ferge
   Zu holen über's Meer das Mahl.

Was sollen wir in's Ferne schweifen
   Nach mühsam ungewissem Sold?
Zum Pfluge, Brüder, laßt uns greifen,
   Tief uns zu Füßen liegt das Gold!

Pflügt tief, und findet Gold, ihr Jungen!
   Pflügt tief und hebt das edle Gold!
Die spröde Erde sei bezwungen,
   Denn nur dem Starken wird sie hold.

Wenn sich das Feld mit vollen Garben
   Am frohen Tag der Ernte schmückt,
Dann ist vergessen Noth und Darben,
   Und selbst der Aermste schaut beglückt.

Ihr preist den Segen, den aus Schachten
   Der Tiefen uns der Bergmann holt —
Kommt, volle Scheunen zu betrachten,
   Da liegt der Erde bestes Gold!

Pflügt tief, zu finden Gold, ihr Jungen,
   Pflügt tief und schürft das höchste Gut!
Pflügt tief, dann ist der Bann bezwungen,
   Der auf dem Schatz des Bodens ruht!

Mit voller Hand beut ihren Kindern
   Die Erde reicher Ernten Zahl,
Und nimmer werden sie sich mindern,
   Versteht ihr nur die rechte Wahl.

Die Wissenschaft steht euch zur Seite,
   Jung, doch gekräftigt schon genug,
Und gibt den Wahrspruch zum Geleite:
   Führt tief den Spaten und den Pflug!

Pflügt tief, zu finden Gold, ihr Jungen,
   Pflügt tief und hebt das edle Gold!
Nur wer der Erde Schooß bezwungen,
   Dem beut sie ihre Schätze hold!

                    Ph. Emrich.
                  (Aus dem Englischen.)

61. Räthsel.

Wie heißt das Ding, das wen'ge schätzen,
Doch ziert's des größten Kaisers Hand?
Es ist gemacht um zu verletzen;
Am nächsten ist's dem Schwert verwandt.

Kein Blut vergießt's und macht doch tausend Wunden,
Niemand beraubt's und macht doch reich;
Es hat den Erdkreis überwunden,
Es macht das Leben sanft und gleich.

Die größten Reiche hat's gegründet,
Die ält'sten Städte hat's erbaut;
Doch niemals hat es Krieg entzündet,
Und Heil dem Volk, das ihm vertraut!

Schiller.

62. Feld und Gemüth.

Ein Feld ist das Gemüth, und du bist sein Besteller;
Baust du es gut, so wächst darauf das Gute schneller.

Doch nicht wächst Nichts darauf, weil du es nicht gebaut;
Das Unkraut stellt von selbst sich ein, wo fehlt das Kraut.

Und auszuraufen auch das Unkraut, hilft dir nimmer,
Denn seine Wurzeln doch läßt es im Boden immer.

Und willst du es im Grund entwurzeln ganz und gar,
Zu untergraben mit das Kraut läufst du Gefahr.

Was also bleibt zu thun? Das Unkraut niederhalten,
Daß oben finde Raum das Kraut, sich zu entfalten.

Und hat das Kraut sein Netz dicht über's Feld gestrickt,
Darunter ist zuletzt das Unkraut selbst erstickt.

Rückert.

63. Nach dem Regen.

Es hatten die Raben geächzet,
Es hatten die Fluren gelechzet,
Der Pflüger zog traurig vorbei:
Der Regen war niedergesunken,
Es hatte nun alles getrunken;
Und alles war fröhlich und frei.

Der Schmelz der erfreulichen Saaten,
Als wären sie nun schon gerathen,
Entzückte das Auge mit Lust:
Die Blüthe der herrlichen Pfirsche,
Des röthlichen Apfels, der Kirsche,
Erweiterte heilend die Brust.

Der Furcher mit seinen Genossen,
Den muthigen wiehernden Rossen,
Verdoppelt den Schritt im Gesang;
Die ehrlichen häuslichen Stiere,
Als wären's vernünftige Thiere,
Geh'n stolz den beschwerlichen Gang.

Die Gärtner mit Rechen und Kannen
Besehen die Pflanzung der Tannen,
Es hat sie der Himmel getränkt;
Und, wie den verdursteten Fluren,
Hat Gott den bessern Naturen
Zum Mai noch ein fröhliches Antlitz geschenkt.

Seume.

64. Dem Ackermann.

Flach bedecket und leicht den goldenen Samen die Furche,
Guter! die tiefere deckt endlich dein ruhend Gebein.
Fröhlich gepflügt und gesä't! Hier keimet lebendige Nahrung,
Und die Hoffnung entfernt selbst von dem Grabe sich nicht.

Göthe.

65. Der Pflüger und sein Thier.

Der Ochs vor'm Pflug einher, und hinter'm Pflug der Bauer,
Dem einen wird es schwer, dem andern schwer und sauer.
Der Bauer hat die Noth, der Ochse hat die Plage;
Der Bauer schreit um's Brot, der Ochs hat keine Klage.

Rückert.

66. Gedanken über das Pflügen und Säen.

Im Herbst, an einem schönen Tage, sah ich, mit innigem Vergnügen,
Den Bauknecht mit vier starken Pferden, geschäftig meinen Acker pflügen,
Ich sah ihn lange Furchen zieh'n, und sah den Pflug, wie sanft er glitt,
Den Boden von einander theilt, den fest= und fetten Grund durch=schnitt,
Beschäftigt Alles umzustürzen, und kleine Wellen zu erhöh'n,
Die in geraden Strichen all', ohn einige Bewegung, steh'n,
Und überall das Feld erfüllen. Ich sah dadurch das Grau der Erden
Im Kurzen in ein schönes Braun verkehrt und lieblich dunkel werden.

Ich setzte mich an einen Hügel, der Arbeit, die so nütz als schön,
Mit einigen Betrachtungen, zu Gottes Ehren zuzuseh'n.
Ich dachte: Welche Weisheit liegt in diesem so geringen Werke,
Welch ein erstaunlich großer Nutz! Je mehr ich mit Bedacht bemerke,
Je mehr erblick' ich in demselben, bei göttlicher Gewogenheit,
Abseiten unser abermal unleidlich Unerkenntlichkeit.
Wer würdigt doch wohl einen Pflug des Anblicks! wer betrachtet ihn?
Man hält ihn für ein plumpes Werkzeug, man zieht von ihm so=gleich den Blick
(Als wär es schimpflich ihn zu seh'n, man mag ihn stehen oder zieh'n,
Zu Haus, und auf dem Felde seh'n) verächtlich mehrentheils zurück,
Da er doch nicht allein so nützlich und nöthig; da er in der That
Weit mehr, als wie man glauben sollte, viel Künstliches noch an sich hat.

Ich ließ mir alle Stücke nennen, und alle seine Theile weisen,
Und fand die Zunge, das Gestell, das Bettels, Pflug = Baum,
Vorder = Eisen,
Den Nagel, Grabsuhl, Grab, den Sterz, die Unter=Sahl, die Seiten=
Sahl,
Das Rüster=Brett, das Seiten=Eisen, die Pflug=Butt, Pflug=Schar=
Welle=Stecher,
Den der, so pflügt, in Händen führt, mit welchem er auch öftermal
Die Pflug = Schar reinigt, und zugleich den Pflug zurecht setzt,
welchen man
Durch Löcher in dem Baum erhöh'n und ihn, wenn's noth ist,
senken kann.

Wie lange kannte wohl die Welt ein solches nützlich's Werkzeug
nicht?
Wer war es, welcher es zuerst so ausgedacht und zugerichtet?
So viel man Nachricht davon weiß, ist der Erfinder in den Orden
Der Götter, aus Erkenntlichkeit, sogar dafür versetzet worden.
So weit sah man die Dankbarkeit für dies so nützlich's Werkzeug
geh'n,
Das wir jetzt, durch Gewohnheit blind, kaum würdigen recht anzu=
seh'n.

Nachdem ich dieses überdacht', erhub ich mich, das Säen und Eggen
Mit ebenmäßiger Betrachtung zu sehen und zu überlegen.
Da ich denn mit vergnügten Blicken des Sämanns abgemeßnen Tritt
In stets gerader Linie, und wie die Hand den festen Schritt,
Ohn' allen Fehl, begleitete, das aus dem Sack gegriffne Korn
In richt'gem Ebenmaße streute, daß nicht zu wenig, nicht zu viel,
Daß nicht zu dicht, und nicht zu weit, der scharf geworfne Same fiel.
Oft füllet er von seinem Rücken das weiße Sätuch, das ihm vorn,
Zum schnellen Griff eröffnet, hing. Mir schien das Säen leicht
zu sein
Und nicht so schwer, als wie das Pflügen und anders Ackerwerk,
allein

Wie ich darüber mich befragte, ward mir ein anders bald belehret,
Daß auch zu dieser Arbeit Kraft und viele Wissenschaft gehöret.
Dem Sämann sah ich emsig zu; und weil der helle Sonnenschein
Auf den geworfnen Samen fiel, den auch der dunkle Grund erhöhte;
So schien es wahrlich anders nicht, als ob er gülbne Körner säte.
Doch nein, es ließ noch ähnlicher, und recht als wenn ein strenger Regen
Von großen Tropfen überall, und in beständigem Bewegen,
Vom Winde stark getrieben, fiel. Die Erb', als wär sie heiß und trucken,
Schien die empfangnen Tropfen schnell, als wie im Sommer, einzuschlucken.
Indem ich dieses mit Bedacht noch ferner sehe, fällt mir bei,
Daß ein fast nicht gespürtes Wunder im Samen noch verborgen sei,
Da, ob er gleich nicht nach der Ordnung, und wirklich recht von ungefähr,
Bald auf= bald unterwärts, bald platt, gerade bald, bald in die Quer,
So wie er fällt, zu liegen kommt, es doch bewundernswerth sich zeiget,
Daß unterwärts die kleine Wurzel, das Hälmchen in die Höhe steiget.
Wenn nun die eine von sich selbst sich abwärts, jene in die Höh',
Durch einen uns verborgnen Trieb, nicht, fast vernünftig, wendete;
Würd' es für uns unmöglich sein, mit aller unsrer Kunst, zu sä'n;
Denn welcher Mensch könnt' jedes Korn nach seiner rechten Lage dreh'n?
Erkennet denn, geliebte Menschen! auch hieraus eine neue Spur
Von einer mächtig=weisen Lieb' in der uns nährenden Natur.
Sobald der edle Same nun dem Schooß der Erden anvertraut,
Wird ein nicht minder nützlich's Werkzeug im emsigen Gebrauch, geschaut.
Die zackigten, geeckten Eggen, die theils voll Holz, theils Eisen stecken,
Sind mit gespannten Pferden fertig, den künft'gen Segen zuzudecken.
Sie bringen den gestreuten Samen nun völlig erst zu seiner Ruh,
Und ziehen vor dem großen Schauplatz, so wie es scheint, die Decke zu.

Brockes.

IV.
Saat; Pflanzenwachsthum; Pflege.

67. Der Sämann.

Siehe, voll Hoffnung vertraust du der Erde den goldenen Samen,
Und erwartest im Lenz fröhlich die keimende Saat.
Nur in die Furchen der Zeit bedenkst du dich, Thaten zu streuen,
Die von der Weisheit gesät, still für die Ewigkeit blüh'n?

Schiller.

68. Entfaltung.

Alles ist im Keim enthalten,
Alles Wachsthum ein Entfalten,
Leises Auseinanderrücken,
Daß sich einzeln könne schmücken,
Was zusammen war geschoben;
Wie am Stengel stets nach oben

Blüth' um Blüthe rücket weiter,
Sieh' es an, und lern' so heiter
Zu entwickeln, zu entfalten,
Was im Herzen ist enthalten.

Rückert.

69. Saat für Andere.

Laßt uns nicht ängstlich fragen,
Ob wir von unsrer Saat
Die Früchte schon selber ernten;
Wenn wir nur Eines lernten:
Lohn ist die gute That!

Für's Andre laßt den sorgen,
Der Alles führt zum Heil;
Die Sonne muß wärmen und scheinen,
Am Heil, am allgemeinen,
Hat Jeder seinen Theil.

Was unsre Väter schufen,
Sie schufen's mit Müh' und Beschwer;
Wir brechen die Frucht von den Zweigen,
Die sie uns gelassen zu eigen —
Den Vätern Preis und Ehr'!

So sollen von unsern Thaten,
Wenn wir im Grabe ruh'n,
Die dankenden Enkel sagen:
„Sie pflanzten in mühvollen Tagen,
Was unf're Ernte nun."

Julius Hammer.

70. Großes aus Kleinem.

Wohl ist im Samenkorn die Pflanze schon enthalten,
Doch siehst du's ihm nicht an, wie sie sich wird entfalten.

Viel größer als der Kern des Apfels ist die Bohne,
Doch Ranken gibt sie nur, er eines Baumes Krone.

Rückert.

71. Bewundernswerthe Nahrung der Pflanzen.

Nicht weit von zwo erhab'nen Linden, die wolkenwärts die Aeste
    streckten,
Und welchen erst entspross'ne Blätter die oft getheilten Zweige
    deckten,
Besah' ich jüngst derselben Pracht, bewunderte des Wuchses Höh',
Betrachtete der beiden Wipfel gebogner Zweig' und Blätter Menge,
Zumal der von der Wurzel ab so weit gedehnten Fibern Länge,
Und faßte nicht, wie ihre Nahrung durch so entfernte Wege geh'.
Wie, dacht' ich, können ihre Höhen, so weit entfernet von der Erden,
Da sie kein Mensch begießen kann, getränket und genähret werden?
Die hohen Wipfel brauchen Nässe; wer tränket, wer begießet sie?
Würd' auch der allerklügste Mensch, mit aller Kunst, mit aller
    Müh',
So große Körper anzufeuchten, sie zu besprützen, sie zu tränken,
Ein Mittel zu ersinnen wissen, ja nur die Weise zu erdenken?
So aber hat ein andrer Geist, ein weit erhabnerer Verstand,
Ein herrlich Mittel ausgefunden: das, weil es uns zu sehr bekannt,

Zwar nicht von uns bewundert wird; das aber an sich selber werth,
Daß man's bemerket, und darin die Weisheit des Erfinders ehrt,
Sammt seiner Lieb' und seiner Macht. Es ziehen, aus der tiefen See,
Durch der beflammten Sonne Kraft, sich Feuchtigkeiten in die Höh',
Versammeln sich, formiren Wolken, und werden, als im Schlauch gefaßt,
Von Winden hin und her getrieben, bis sie zuletzt, durch eig'ne Last,
Sich wieder abwärts senken müssen: da, wenn sie nun herunter eilen,
Die ihnen widersteh'nden Lüfte sie sanfte von einander theilen,
Daß sie nur tröpfelnd fallen können; wodurch, recht wie ein Gärtner gießt,
Der Trank der Blätter und der Pflanzen nur mählich auf dieselben fließt,
Sie netzet, kühlt, erfrischt und tränkt: da sie sich durch die hohlen Röhren,
Nachher annoch von unten auf, durch ein besonders Triebwerk, nähren;
So noch ein neues Wunderwerk. Ein Thier bemerket dieses nicht,
Und sieht in dem, was in dem Regen Bewundernswürdiges geschicht,
Kein' Absicht, keine Weisheit, Ordnung, noch Fruchtbarkeit noch Nutz, noch Segen.
Allein die kluge Creatur, der Mensch, wird dies oft überlegen,
In diesem unentbehrlichen und segenreichen Welt=Getränke,
Ein ihm, nebst allen Pflanzen, Thieren, so nöth= als nützliches Geschenke
Befinden, sich darüber freuen, dem Geber öfters dankbar sein,
Zu Ihm in Gegenlieb' entbrennen, und Ihn verehren? Leider! nein,
Die meisten danken nie dafür, ja denken nicht einmal daran;
So daß man: Ja so viel, als wir, dankt auch ein Thier! wohl sagen kann.

Brodes.

72. Die Pflanze und das Leben der Natur.

Sieh' an die Pflanze, die empor aus dunklem Grunde
Zum Lichte treibt, von dem sie auch hat dunkle Kunde.

Mit ihrem Stengel steht sie erst in Einigkeit,
Und im Gezweige dann ist sie mit sich entzweit.

Nicht in der Einung noch Entzweiung ist gefunden
Das Licht, bis höhere Vereinung sie verbunden.

Die Knospe rundet sich, aus der die Blüth' erwacht,
In deren Farbenduft das Licht ist angefacht.

Durch soviel Stufen hat das Licht die Pflanz' erzogen,
Um auf der obersten zu ruh'n als Irisbogen.

Das Leben der Natur ist eine solche Pflanze,
Die aus sich selber ringt empor zu Gottes Glanze.

Die Wurzel ist Gestein, Gewächsreich ist der Stiel,
Blätterverzweigungen Thierlebens reges Spiel.

Doch neues Leben ist von oben angezündet,
Wo der Naturtrieb sich im Menschenantlitz ründet;
Da ist des Himmels Strahl im Irdischen verkündet.

Rückert.

73. Pflanzenschlaf.

Das nächt'ge Dunkel bringt der Ruhe Lohn
Für alle tagesmüden Kinder
In Feld und Wald. Es schweiget jeder Ton
Und selbst der Abendwind rauscht linder.

Das Licht erlischt in purpurfarb'ner Nacht,
Entschlafen rings sind Feld und Auen,
Die Mutterlieb' hat sie zu Bett gebracht
Und weckt sie erst bei Tagesgrauen.

Still ist die Wiese, wo kein Blatt sich regt.
Es hat der Klee, vom Licht verlassen,
Zusammen seine Gliederchen gelegt,
Zum Schlaf das Köpfchen sinken lassen.

Und wie ein Kind träumt er im tiefen Schlaf
Von grüner Au und Blumensträußen,
Und wie ein Kind träumt er vom bösen Schaf,
Das kommen will, das Kind zu beißen.

Früh Morgens dann, vom Sonnenstrahl geweckt,
Erstehen alle Schläfer wieder;
Die Köpfchen heben sich, die Blume streckt
Die Blättchen, dehnt erquickt die Glieder.

O süße, sel'ge Ruhe der Natur,
Von keinem Lebensschmerz gestört,
Du stiller Frieden wirst der Blume nur,
Die nichts besitzt und nichts entbehrt.

Ernst. (Schleiben.)

74. Das blühende Korn.

Als ich, mein blühendes Getreide
Zum Ruhm des Schöpfers anzuseh'n,
Mit einer innerlichen Freude
Beschlossen hatt', auf's Feld zu geh'n;
(Wovon ich jüngst, erstaunt, bemerkt,
Daß es, durch Wärm' und Thau gestärkt,
In einer einz'gen Nacht so gar
Fünf Finger breit gewachsen war)
Sah ich den Roggen wunderschön
In segenreicher Zierde steh'n.

Der Halmen Höh' auf sieben Fuß,
Die Jedermann bewundern muß,
Die Dichtigkeit, der Aehren Menge
Und über acht Zoll lange Länge,
Die theils mit Purpur, theils im Grünen,
Recht Seladon gefärbet schienen,
Und deren schimmerreiche Schaar,
In wandelbarem Glanz, so gar
Den Taubenhälsen ähnlich war,
War noch mit einer neuen Pracht,
Die ich nicht sonder Lust erblicket,
Mit Blumen nämlich, ausgeschmücket,

Die, da sie sonst nicht sonders groß,
Und fast figur= und farbenlos,
Hier Form und Farben deutlich zeigten.
Ein länglich Blümchen, gelblich grün,
Hing überall, so daß es schien,
Da sich die meisten Aehren beugten,
Sie, durch die Meng', herabzuzieh'n.

Es hing die ungezählte Schaar
An einem Fädchen wie ein Haar,
Woburch sie, wenn die Lüfte kühlten,
In stetiger Bewegung spielten.

Der gelben Blümchen stetes Regen,
Ihr sanft und zitterndes Bewegen
War, da sie von dem bläulich Grünen
Der Aehren ganz verschieden schienen,
Noch mehr von denen, deren Rand
Man purpurroth gefärbet fand,
In ihrem bunt und sanften Spiel,
Dem Aug' ein angenehmes Ziel.

Der Aehren Hülsen öffnen sich,
Woburch sie denn, verwunderlich,
Vergrößert an zu scheinen fingen,
Sie schienen durch die Blumen auch,
Die sie fast überall umringen,
Und allenthalben abwärts hingen,
Statt ihrer vor'gen Glätte, reich.

Sobald ein sanfter Wind nun gehet,
Und über diese Flächen wehet,
Bewegt sich Alles: Es entstehet
Auf dieser anfangs ebnen Flur,
Vom regen Wasser die Figur.
Es scheinen hin und wieder Wellen
Sich zu erhöhen und zu schwellen,
Zugleich an unterschied'nen Stellen
Sich wieder niederwärts zu lenken,
Und allgemächlich sich zu senken,
Bald wiederum sich zu erhöhen.

Da denn dies holde grüne Meer
Sich öfters ganz beschäumet wies,
Indem der Aehren Purpurheer
Oft als ein Schaum von Purpur ließ.

Wenn es nun still ergötzet uns
Der schweren Aehren sanftes Winken,
Der glatten Halmen blitzend Blinken:
Bei dieser Schönheit dacht ich nach,
Welch einen Ueberfluß und Segen
Der Blüthe liebliches Bewegen
Annoch auf's Künftige versprach!

Brockes.

75. Die Kornblumen.

Arbeit sä'st du in die spröden Furchen,
Um im Schweiß einst Arbeit einzuernten;
Arbeit hebst du von der staub'gen Tenne.
Arbeitsmann, wo bliebe dir die Freude,
Streute nicht mit leichter Hand die Göttin
Zwischen falbe Saat dir blaue Blüthen?

Rückert.

76. Betrachtung des Grases.

Man sahe zwischen den gepflügten, auf den noch nicht gepflügten Stücken,
Die, nebst den annoch gelben Stoppeln, viel Gras und Klee und Kräuter schmücken,
Die Ochsen, Küh' und Schafe grasen, wozwischen denn der Gänse Schaar,
Mit ihren silberweißen Federn, nicht weniger beträchtlich war,
Die mit sanft schnatterndem Getön, zu userm Nutz, den Hunger stillen,
Und unsern Blick zugleich vergnügend, beständig Kropf und Magen füllen.
Bei diesem angenehmen Anblick erwog ich, mit vergnügtem Geist,
Wie groß die Huld, die uns der Schöpfer auf dieser Welt im Gras' erweist.

  Wie viel an Gras und Kraut gelegen,
  Ist nöthig, daß wir's oft erwägen,
  Und, da wir seinen Nutz betrachten,
  Auf seines Gebers Güte achten.
  Es reicht, auf wunderbare Weise,
  Das Gras so Thier als Menschen Speise.
  Es nährt die Thiere roh, uns gahr,
  Unmittel= sie, uns mittelbar.
  Nicht nur in Fleisch, das uns ernähret,
  Wird es in Milch auch, die uns tränkt,
  Ja, gar in unser Kleid verkehret,
  Da es uns Woll' und Leder schenkt
  Und noch viel ander Gut's bescheret.
  Da es auch wilder Thiere Felle,
  Wenn ich mir's recht vor Augen stelle,

Uns, zur Bequemlichkeit, gewähret,
Weil auch die wildesten sich nähren
Mit Thieren, welche Gras verzehren,
Und wenn sich diese nicht durch's Gras zu nähren wüßten,
Auch jene mit verkommen müßten.

Die Juden achten, wie man schaut,
Viel mehr, als wir, das Gras und Kraut.
Wenn sie von Gottes Eigenschaft,
Von Seiner Weisheit, Lieb' und Kraft
Was recht Beträchtlichs zu erzählen mit wahrem Ernst bemühet sein,
So ist der Ausdruck bei denselben kein anderer, als bloß allein:
„Der Gott, der alle Dinge macht,
Der Laub und Gras hervorgebracht."
Wollt ihr im Christenthum denn minder als sie sein?
Verehret Gott in Kraut und Gras, in deren Nutz so allgemein.

Brockes.

77. Im Kornfeld.

Wandelst du durch eines Kornfeld's Gasse,
Wo die Aehren über's Haupt dir reichen,
Sei's zur Demuth dir ein Himmelszeichen,
Das dein Herz nicht unverstanden lasse.

Senke nur die Augen stille nieder;
Während Blumen deinem Blick begegnen
Und dich mild mit holden Lächeln segnen,
Jubeln über dir der Lerche Lieder.

Julius Hammer.

78. Blumen im Korn.

Um eine Blum' im Korn, von Knabenaug' erblickt,
Um eine Blume wird wie mancher Halm geknickt!

Dem Landmann wär' es gut, wenn unter seinem Roggen
Gar keine Blume wüchs', um Knaben anzulocken.

Dem Landmann wär' es recht, wenn unter seinem Weizen
Gar keine Blüthe stünd', um Knabenlust zu reizen.

Recht wär' es ihm und gut, wenn unter seinen Saaten
Nichts wäre, weshalb sie die Knaben ihm zertraten.

Die Blumen nennet er Unkraut mit Recht, sie sind
Das allerschädlichste für seiner Pflege Kind.

Als wie am Töchterchen ein strenger Vater schalt
Die Schönheit, die bei ihm nur als Verführung galt;

Nur daß der Vater nicht wie jener auch ausraufen
Das Unkraut will noch darf, wonach die Knaben laufen.

Rückert.

79. Heiße Tage.

Es regt auf dem reifenden Korngefild
Sich kaum ein Lüftchen leis' und mild;
Wie fromme Beter, still beglückt
Im Gotteshause, steh'n gebückt,
So scheinen von ihrem Segen trunken,
Die Aehren im Gebet versunken.

Und zwischen ihnen dort und hier,
Der blauen Blümchen süße Zier,
Als ob ein jedes hold und hehr
Ein Liebesblick des Himmels wär';
Drum mag die Lerche mit frommem Vertrau'n
Bei ihnen gern ihr Nestlein bau'n.

Hier wohnet sie in Demuth still,
Doch wenn sie zum Schöpfer reden will,
Schwingt sie sich auf und singt ihr Lied,
Wo sie nur Gottes Auge sieht,
Und wer sie höret ihr Hochamt halten,
Den drängt es, betend die Hände zu falten.

Dein Segen, Herr, wie reich und hold,
Wie lacht und glänzt der Aehren Gold!
O, gib den Armen ihr täglich Brod,
Und lind're ihre Sorg' und Noth,
Daß froh, wie Lerchengesänge schweben,
Sich Aller Seelen zu dir erheben.

Julius Hammer.

80. Unkraut.

Das Unkraut, ausgerauft, wächst eben immer wieder,
Und immer kämpfen mußt du neu das Böse nieder;

Wie du mußt jeden Tag neu waschen deine Glieder,
So die Gedanken auch an jedem Tage wieder.

Rückert.

81. Das reifende Getreide.

Mit einer innern Lust und Freude
Beschau' ich täglich mein Getreide,
Das heuer so vortrefflich steht,
Daß mancher, dem es nicht gehört,
Doch öfters Gott bewundernd ehrt
Und Ihn durch ein Gott Lob! erhöht.
Noch neulich sah ein Ackersmann
Bewundernd diesen Segen an,
Und sprach: Daß er sich unterstünde
Zu wetten, daß auf hundert Meilen,
In allen ganz vollkommnen Theilen,
Man keinen bessern Roggen finde.
Der Halm ist hoch, die Aehre groß,
Das Korn ist grob, und fast ganz bloß,
Indem die Eiben*) von den Winden

---

*) Der Landmann nennt die äußerste Spitze der Hülse, welche das Korn einschließt, die Eiben (in Holstein).

Sich meistens abgerieben finden.
Die Körner glimmen recht und glänzen
Durch die Behälter, welche sie
Nicht ohne Müh'
Annoch begrenzen.
Durch ihre Größe sind die Hülsen recht gedrängt
Und scheinen gleichsam aufgesprengt,
So daß man öfters nichts, als die fast güldne Saat,
So eng' gepreßt, als Körner im Granat,
An lauter großen Aehren siehet.
Die Körner sitzen im Quadrat,
Und scheinen, da sie gleichsam gülden,
Ein gülden Viereck abzubilden.
Der Aehren Blond scheint gülden auch, doch matt,
Das Gold der Körner aber glatt.
Der Glanz, womit sie angefüllt,
Und der sie gleichsam überziehet,
Zumal wenn das Getreib' im Strahl der Sonnen glühet,
Entsteht durch ein klein Sonnen=Bild,
Das man auf ihrer glatten Haut,
Wenn man es recht betrachtet, schaut.
Vom Fuß der Aehren an bis zu der Spitzen
Ist alles von den kleinen Blitzen
Recht lieblich angefüllt. Wie angenehm, wie schön
Dies, nicht für ein betrachtend nur, ein Eigner=Auge zu beseh'n,
Wird jeder leicht gedenken können.
Bei'm täglichen Spazierengeh'n
Hab' ich, Gott Lob! daß Er mir's wolle gönnen,
Und auch in dieser Frucht mir so viel Gut's erwiesen,
Den Schöpfer wenigstens in meiner Lust gepriesen.
Ich dank' Ihm auch annoch in dieser Stunde,
Mit froher Feder, Herz und Munde,
Erkenne, daß von Ihm allein
Wir auf der Welt gesegnet sei'n!

Ich wünsche, daß Er diesen Segen
Zu rechter Zeit laß in die Scheuren legen,
Und daß wir ihn auch dann von Herzen preisen mögen!

Brockes.

82. Bohnen-Felder.

Da die kaum abzuseh'nden Flächen, von den schon reifenden Gefilden,
In einem lieblichgelben Schmuck sich schon beginnen zu vergülben:
Sieht man dennoch, bald hier, bald dort, ein unvergleichlich lieblich
    Grün
In langen Strichen zwischen ihnen, den Schmuck noch zu erhöh'n,
    sich zieh'n.
Dies sind nun Felder grüner Bohnen, die, wenn sie, wie sie jetzo,
    blüh'n
Mit so balsamischem Geruch die Luft durch ihre Menge füllen,
Daß unser Hirn und unsre Lunge, vor großer Anmuth fast gedrückt,
Und durch den fast zu starken Schwall zugleich gepreßt wird und
    erquickt,
Zumal, wenn von gemachtem Heu, von blüh'ndem Flieder und
    Kamillen,
Woraus in solchem Ueberfluß die Düft' itzt aller Orten quillen,
Die ambrareich und gleichen Theilchen sich mit der Blüthe Balsam
    mischen.
Durch die so süß vermengten Dünste fühlt man das hitzige Geblüte
Nicht nur sich gleichsam recht erholen, nicht nur sich kühlen und
    erfrischen,
Es fühlt ein, durch so süße Lust, durch Gott getriebenes Gemüthe
Ein innerlich erquickend Feuer, ein fast entzückendes Empfinden,
Und durch den holden Hauch in ihr, ein' Andachtflamme sich entzünden,

Ein' unausdrücklich angenehme, ein' innigliche süße Lust.
Es öffnet sich daher die Nase; es dehnt sich die gewölbte Brust,
In einem wiederholten Schnaufen, wo möglich, immer mehr zu
fassen,
Und sucht, was sie einst eingesogen, nicht gerne wieder weg zu lassen.

Die Blüthen nun sind an sich selber so farb'- und form- als
wunderreich;
Sie seh'n an Farben schönem Purpur, an Form den Sommer-
vögeln gleich.
Die Wunder, die in ihn' befindlich, sind, daß sie in der Frucht uns
nützen.
Die Ordnung nun, auf welche Weise sie zierlich um den Stengel
sitzen,
Ist ebenfalls betrachtungswerth. Der Stengel, welcher vom Quadrat,
Und nicht, wie sonsten, andre Stengel, die Bildung eines Zirkels hat,
Zeugt angenehme Blätter, Zweige, wovon man mit Vergnügen sieht,
Wie jeder Zweig von denen Ecken drei stets nach einer Seiten zieht,
So daß, bei einem jeden Absatz, von den vier Ecken einer frei,
Und wechselsweise ledig steht. Daß nun von einer Gartenblüthe
Die Feldblüth' unterschieden sei, besteht nur darin bloß allein,
Daß diese hinten überall, auch alle Adern purpur sein,
Da jene lange nicht so roth. Noch hab' ich an der Blüth' entdecket,
Daß sie, wenn man es untersucht, zur Hälft' in einer Hülse stecket,
Die vier und eine Spitze hat. Das ob're Blatt krümmt sich zurücke,
Dem folgen zwei, die oben zu und unterwärts geöffnet steh'n.
Auf welchen wir zwei schwarze Flecken, als wär' es schwarzer Sammet,
seh'n,
Da sie sonst an sich selber weiß, so man sonst nicht auf Blumen
findet.
Hierin, als einem Futteral,
Steckt abermal
Ein oberwärts geöffnet Blatt,
Worin, als in der Rittersporn, ein Spitzchen sich nach oben ründet.

Dergleichen Blumen füllen nun, in einer ungemeinen Menge,
Von unten bis fast oben aus des hohen Stengels ganze Länge,
Bis daß ein grüner Busch von Blättern desselben Gipfel zierlich
             schmückt,
Woburch man auf den Bohnenfeldern, ein schönes Grün allein
            erblickt,
Das doch zuweilen hie und da ein angenehmes weißes Licht
Von weiß und schimmernden Kamillen, nicht minder lieblich, unter=
     bricht,
Die bei dem Dunkelgrünen denn, in schnellem Blicken hin und wieder,
Wie weiße Sommervögel lassen, die mit sanft flatterndem Gefieder
Und regem Schwärmen in der Luft, sich öfters pflegen zu ergötzen,
Um bald auf diese, bald auf jene gefärbte Blume sich zu setzen;
Nicht anders scheint ein Bohnenfeld, in seiner angenehmen Blüthe.

Es ward, sowohl durch ihren Nutzen, als ihre Lieblichkeit und
            Pracht,
In meinem sie betrachtenden und sich vergnügenden Gemüthe
Zu Ehren dem, der sie uns schenkt, ein Andachtfeuer angefacht.

Herr! ich seh', wie jedes Kraut, Herr! ich seh', wie, dir zum
            Ruhme,
Alles Laub, wie jedes Blatt lieblich grünt, wie jede Blume
Bloß durch dich so schön sich färbt! Schmeckt und sehet wie Gottes
            Ehre
Jede Frucht in ihrer Hülse, jedes Korn in seiner Aehre
Zeig', erhebe, preise, rühme und sie überall vermehre.

Meine Seele, die die Pracht dieser Wunder innig rührt,
Wird, in Ehrfurcht, Dank und Andacht, großer Gott, zu dir geführt;
Sie erkennt, da sie in sich eine solche Regung spüret,
Daß nur dir, o Herr! allein Preis und Ruhm dafür gebühret.

                  Brockes.

83. Lob des Flachses.

Wohl hat Sommer sich zum Kranze
Manche zarte Blüth' gewoben;
Aber, Flachs, dich mildste Pflanze,
Muß ich doch vor allen loben!

Blauen Himmel ausgestreuet
Hast du über dunkle Auen,
Deine milde Schönheit freuet
Die gleich zart geschaff'nen Frauen.

Weiches Grün den Stengel zieret,
Blüthe trägt des Himmels Helle,
Leis' vom Westhauch angerühret
Wogt sie sanft in blauer Welle.

Ist die Blüthe dir entfallen,
Zieht man dich aus dunkler Erden,
Darfst nicht mehr im Westhauch wallen,
Mußt durch Feu'r zu Silber werden.

Wie die Hand geschäft'ger Frauen
Rührt dich unter muntern Scherzen,
Klar wie Mondschein anzuschauen,
Bist du theuer ihrem Herzen.

In dem blanken Mädchenzimmer,
Leis' berührt von zartem Munde,
Schön verklärt von Sternenschimmer,
Wird dir manche liebe Stunde.

Nächtlich in des Landmanns Hütte,
Wo ein flammend Holz die Kerze,
In viel muntrer Mägdlein Mitte,
Bist du bei Gesang und Scherze.

Draußen brausen Sturm, Gespenster;
Wandrer wird der Sorg' entladen,
Sieht er hinter hellem Fenster
Heimisch deinen goldnen Faden.

Zarten Leib in dich gekleidet
Tritt das Mägdlein zum Altare,
Liegst, ein segnend Kreuz, gebreitet
Schimmernd über dunkler Bahre.

Bist des Säuglings erste Hülle,
Spielest lind um seine Glieder, —
Bleich in dich gehüllt und stille
Kehrt der Mensch zur Erde wieder.

Justinus Kerner.

84. Beim Flachsbrechen.

Plauderinnen, regt euch stracks!
    Brecht den Flachs,
Daß die Schebe springt,
Und der Brechen Wechselklang
    Mit Gesang
Fern das Dorf durchbringt!

Herbstlich rauscht im Fliederstrauch
   Kalter Hauch,
Und der Nachtthau feuchtet!
Dennoch brecht mit bloßem Arm,
   Brecht euch warm,
Weil der Mond uns leuchtet!

Brich, du armer Flachs! dir droht
   Müh' und Noth,
Mehr denn je du träumtest,
Als du grün im Sonnenschein,
   Junger Lein,
Blaue Blumen keimtest!

Ach, die harte Raufe hat
   Gleich zur Saat
Dir die Boll' entrissen,
Wochenlang dann auf der Au
   Sonn' und Thau
Röstend dich zerbissen!

Nun zerquetschen wir in Hast
   Dir den Bast,
Den die Schwinge reinigt;
Von der bösen Hechel itzt,
   Scharfgespitzt,
Wirst du durch gepeinigt!

Doch dann prangst du glatt und schön,
   Und wir dreh'n
Dich in saubre Knocken:
Und getrillt mit flinkem Fuß,
   Feucht vom Kuß,
Läufst du uns vom Rocken!

Schnell durch Spuhl und Haspel eilt,
  Schön geknäult,
D'rauf dein Garn zur Webe:
Daß die Leinwand, scharf gebeucht,
  Und gebleicht,
Hemd' und Laken gebe.

Brich, o brich, du armer Flachs!
  Weiß, wie Wachs,
Prangst du angeschmieget,
Wann beim Bräutigam die Braut,
  Warm und traut,
Einst im Bette lieget!

Voß.

85. Selbstgebautes.

Den Kohl, den du dir selber gebaut,
Mußt du nicht nach dem Marktpreis schätzen;
Du hast ihn mit deinem Schweiß bethaut,
Die Würze läßt sich durch nichts ersetzen.

Rückert.

86. Die Pasteten.

Pasteten hin, Pasteten her,
Was kümmern uns Pasteten?
Die Kumme hier ist auch nicht leer,
Und schmeckt so gut, als bonne chère
Von Fröschen und von Kröten.

Und viel Pastet' und Leckerbrod
Verdirbt nur Blut und Magen.
Die Köche kochen lauter Noth,
Sie kochen uns viel eher todt;
Ihr Herren laßt Euch sagen!

Schön röthlich die Kartoffeln sind
Und weiß wie Alabaster!
Sie bau'n sich lieblich und geschwind
Und sind für Mann und Frau und Kind
Ein rechtes Magenpflaster.

Claudius.

87. Räthsel.

Was auf der Erde steht, das muß die erste haben,
Und was der Weise denkt und spricht.
Die zweit' und dritte sind Pomona's Gaben,
Die gern am Weg der Wand'rer bricht.
Das Ganze ist ein seltsam Ding,
Ihr achtet Blüth' und Frucht gering,
Werft weg den Stengel und das Blatt,
Die Wurzel auch, und dennoch macht's euch satt.

Hebel.

88. Wie Frau Kartoffel krank war.

Ich weiß ein stattlich großes Haus,
Das ist bewohnt von vielen Leuten,
Sie gehen drinnen ein und aus
Seit Olims uralt=grauen Zeiten.

Drin wird geweint und wird gelacht,
Drin hört man jubeln, singen, klagen,
Drin wechseln ab, gleich Tag und Nacht,
Das frohe Glück mit trüben Plagen.

Im weiten Hause wird hantirt,
Gekocht, gebacken und gebraten,
Der Tisch gedeckt und aufservirt
Den frühen Gästen und den spaten.

Ein altes Mütterlein, bekannt
Als treue Magd aus alten Zeiten,
Und Frau Kartoffel nur genannt
Bei allen Haus= und Nachbarsleuten;

Es war ein stilles Mütterlein,
Stets ohne prunkendes Geschmeide,
Es mochte nur zufrieden sein
Mit seinem schlichten Alltagskleide,

Und unbeachtet, ungeehrt,
Und oft verspottet, oft vergessen,
Stand es den ganzen Tag am Herb,
Hat's Nachts die schlechtste Stub' besessen.

Bracht' es zu Tisch die Speis' heran,
Kaum, daß man's freundlich angeblicket,
Nur manchmal hat ein armer Mann
Verstohlen ihm die Hand gedrücket.

Geschlecht ging an Geschlecht vorbei,
Wie Bäume sprossen, blüh'n und sterben,
Doch blieb die alte Hausmagd treu
Als Erbstück allen künft'gen Erben;

Da, eines Morgens — was geschah!?
Als Alles um den Tisch gesessen,
Und Jeder nach der Schüssel sah,
Da hatten Alle nichts zu essen.

Denn unser gutes Mütterlein,
Die Frau Kartoffel, lag darnieder,
Sie fühlte eine arge Pein
Durchrieseln ihre alten Glieder.

Und ist's ein Wunder, daß die Kraft
Ihr nahm die Arbeit ohne Rasten,
Da sie so lang das Haus beschafft,
Daß nicht die armen Menschen fasten?

Fürwahr, ein Wunder ist es nur,
Daß ihr so lang die Gute hattet,
Daß ihre kräftige Natur
Nicht lange vorher schon ermattet.

Da gingen denn die Gäste fort
Vom Frühstück noch mit leerem Magen,
Sie sprechen manch' besorgtes Wort
Und wollen Mittags wieder fragen.

Der Mittag kam sehr schnell heran,
Der Tisch war leerer als am Morgen,
Da fing man erst zu denken an
An Frau Kartoffelchen mit Sorgen;

Und in das finstre Kämmerlein,
Wo sie auf schlechtem Lager ruh'te,
Drang Jung und Alt und Groß und Klein
Zu fragen, was sie macht, die Gute.

Man bringt ihr Thee und Medizin
Und legt sie auf ein bess'res Bette,
Man fragt und redet her und hin,
Wie man die gute Seele rette.

Die Wirthschaft stockt im ganzen Haus,
Man wirft die Arbeit in die Ecken,
Die Leute rennen ein und aus;
Sie treibt der Hunger und der Schrecken.

Jetzt sah man ein, kein Hofkoch kann
Wie sie die Kunst, all' Welt zu speisen,
Und Frau Kartoffel nun begann
Jedweder vollen Munds zu preisen.

Die Bettler und das Volk der Noth
Durchstreiften jammernd Straß' und Gasse
Und drohten weinend Mord und Tod,
Wenn man die Gute sterben lasse.

Das war ein Lärmen nah und fern,
Das Haus erbebte vor dem Jammer,
Und rathlos saßen des Hauses Herrn
Am Krankenbett in feuchter Kammer.

Da zogen Prozessionen aus,
Monstranz voran und Kreuz und Fahnen,
Im Bußgewand der Pfaff' voraus
Zum Gnadenort auf allen Bahnen;

Und alle Welt war bußbereit,
Und hundert Messen ließ man lesen,
Daß nur der Herr in naher Zeit
Die Frau Kartoffel laß' genesen.

Und die Doctores saßen da,
Kopf und Perrücke ward geschüttelt,
Ob ihre Sapientia
Den casum morbi nicht ermittelt.

So auch die hohen Herrn des Raths
Vereinten sich in pleno alle,
Zu finden was das Wohl des Staats
Erheische in so schwierigem Falle.

Ob eine allerhöchste Frau
Genesen wär' von einem Kinde,
So schreibt man's täglich auf genau,
Wie Frau Kartoffel sich befinde.

Und Läufer und Lakai und Mohr,
Sie kommen täglich nachzufragen;
Von Zeit zu Zeit sogar fährt vor —
Man glaubt es nicht — des Königs Wagen.

Ja, ja, die arme, schlichte Magd,
Die hat sie Alle so erschrecket;
Wer hätte das voraus gesagt,
Als noch der Tisch war gut gedecket?

Die Herrn der Feder und des Buchs,
Die Pfaffen, Küster und die Priester,
Sie scheu'n den Duft des Hungertuchs,
Die Könige und die Minister.

Doch Frau Kartoffel ist zur Stund'
Noch krank und matt — durch Gottes Segen;
Will's Gott, so wird sie bald gesund,
Der Armen und nicht euretwegen.

Für euch ist nur ein Pröblein dies,
Wie Alles stürzt und um sich kehret,
Wenn sie Geduld und Kraft verließ,
Die arme Magd, die euch ernähret.

Die schmutz'ge Magd, sie kocht für euch,
Für euch steht sie in Asch' und Ruße,
Sie wirthschaftet für Arm und Reich' —
O, thuet vor der Armen Buße!

Moritz Hartmann.

89. Die Lupine.

Leer sah man in der Ferne sonst die Höhen,
Den Flugsand trieb der Ostwind in das Thal,
Nur Kußelkiefern sah man einzeln stehen,
Und Bocksbart, wo die Berge völlig kahl.

Zur Brache lag der Acker, und vergessen,
Uneingetheilt, nach alter, schlimmer Art.
Knapp ward dem Vieh das Heu nur zugemessen,
Das obendrein noch sauer war und hart.

Sie kam! — Es decken ihre Irisflügel
Die Fluren wie mit einem goldnen Zelt.
Sie kam, — da schwanden alle kahlen Hügel,
Es glänzte goldiggelb gar manches Feld.

Man sah sie gern, weil sie nicht lange wählte,
Und nicht verschmähte selbst den losen Sand,
Und man versuchte, probte und erzählte,
Wie man verschieden ihren Werth erkannt.

Sie kam, — es freut der Hirt sich und die Heerde,
Der sie den würz'gen Duft entgegenstreut;
Es freut die Saat sich in der magern Erde,
Der sie noch sterbend ihre Nahrung beut.

Sie bleibt — und näher lernt man sie noch kennen,
Durch sie hebt sich die Wirthschaft und das Gut;
Man wird sie noch „das Gold der Wüste" nennen,
Sie, die im Sande solche Wunder thut!

Aus: Der Chem. Ackersmann von A. Stöckhardt.

---

90. Die auflaufende Saat im Herbst.

Nachdem ich von dem Gang im Garten durch's Kornfeld einen
Weg gezogen,
Im Herbst, wie eben erst das Feld
Gepflüget war, geeggt, besäet und bestellt,
Und ich, nach wenig Tagen nur, durch einen schönen Tag bewogen,
Auf selbigem spazieren ging, erblick' ich, mit gerührter Brust,
Zur unverhofften Augenlust,

Wie aus des Ackers ebnen Flächen,
Von dem schon aufgelauf'nen Korn, sich Millionen Spitzen stechen,
Die theils ein gelbliches, und theils ein röthlich Grün,
In recht lebend'gen Farben schmückte, und reichen Segen schon ver=
  sprechen.

Der Sonnen lieblich's Licht, so durch die Blätter schien,
Erhoben durch das graue Land, und durch der Furchen braunen Grund,
In welchen, als in Linien, das junge Korn recht zierlich stund,
Verschönerte noch mehr, was an sich selbst schon schön,
Durch ihren farbenreichen Glanz.
Was nahe stund, war einzeln noch zu seh'n,
Wenn das, so weiter lag, bereits ein grünlich Ganz
Dem Blick bemüht schien vorzustellen. Hierüber war ein bunt
  gefärbtes Glas,
Um dieses Malwerk der Natur noch desto schöner auszuschmücken,
In einem glänzenden Gewebe von bunten Fäden zu erblicken,
Wovon noch ungewiß, ob Spinnen es gesponnen,
Wie oder ob es sonst entsteht. Es sind im hellen Strahl der Sonnen
Des schönen Regenbogens Farben, in einem noch vermehrtern Schein,
Wie lauter Prismata, zu seh'n. Mit noch vergrößertem Vergnügen
Sieht man, vor andern, noch die Stellen, die unterm Strahl der
  Sonnen liegen,
So hell, so wunderwürdig schimmern, nicht anders, als wenn auf
  der Fluth
Der Sonnen Bild, im flachen Strahl, als eine Feuersäule ruht.
Durch ihr beständiges Bewegen
Schien jede Farbe wandelbar, sich stets im neuen Glanz zu regen.

Brockes.

91. Das Schöpfrad.

Das Schöpfrad hört' ich ächzen über'n Fluß,
Wie einen, der sich tief im Herzen kränket,
Indeß, beströmt von wiederholtem Guß,
Die Wiesen freudig lachten, die es tränket.
Was für ein Kummer nur es drücken muß?
Doch irr' ich nicht, so hör' ich, was es denket:
Die Fülle theil' ich aus und Ueberfluß,
In Arbeit rastlos Tag und Nacht geschwenket;
Die Müh' ist mein, und andern der Genuß,
Und Niemand dankt mir, was ich ihm geschenket.
Ich schenk' es ja auch nicht, es schenkt der Fluß,
Was nur durch meinen Dienst wird fortgelenket;
Mich selber aber lenkt nach Rath und Schluß
Der Herr der Wiese, der mich hebt und senket.

Rückert.

V.
Ernte.

92. Auslese.

Reich ist an Körnern wie an Spreu die Ernte; scheue
Nur nicht die Müh' und lies die Körner aus der Spreue.

Rückert.

93. Mäherlied.

Im blanken Hemde geh'n
Wir Bursche kühl und mäh'n!
Wie unsre Sense blinket,
Rauscht hohes Gras und sinket
In Schwade, lang und schön.

Verbirg, o Wolkenkranz,
Die schwüle Sonne ganz,
Die flüchtig Thal und Hügel,
Wie ein gewandter Spiegel,
Durchstrahlt mit ihrem Glanz.

Doch regne nicht, denn traun!
Fruchtschwanger blüh'n die Au'n.
Dort ragt der Halm und nicket;
Der braune Kohl dort blicket
Krausköpfig über'n Zaun.

D'rum, liebe Wolke, laß
In Ruh' ihr falbes Gras,
Mit Harken in den Händen
Die flinken Mägdlein wenden;
Und regne sie nicht naß.

Auf! Mäher, tummelt euch!
Mäht vorwärts, gleich und gleich!
Was schärfst du dort die Sense,
Und spähest wilde Gänse
Und Enten auf dem Teich?

Schau unsrer Mägdlein Schwarm,
Die mit entblößtem Arm
Des trocknen Heues Wellen
Gehäuft in Schober stellen,
Von Sonn' und Arbeit warm.

Wer faul ist, Gras zu mäh'n,
Soll uns und ihnen schön
Das Heu mit Gabelstangen
Zur Bodenluke langen,
Und unsre Kurzweil seh'n.

Nur noch den Winkel hier!
Dann ruhen sie und wir
In süßem Duft am Schober,
Und leeren unsern Kober,
Und trinken kühles Bier.

Dicht ruh'n wir und vertraut,
Juchhein und lachen laut;
Der Rosenbusch und Flieder
Wallt blühend auf uns nieder,
Die Grille zirpt im Kraut.

Voß.

94. Der Tag der Heuernte.

„Hört, es hallen Heerdenglocken
Auf der Trift am hohen Rocken,
Und der Tag wird heiß;
Draußen könnt ihr weiter sprechen,
Rasch, ergreift den langen Rechen;
Arbeit gilt es heut und Fleiß!"

Keine Wolke steht am Himmel:
Summend ziehet das Getümmel
Nach der großen Au,
Ernst und heiter, still und tosend,
Singend hier, dort leiser kosend,
Durch den letzten Morgenthau.

Voll und hoch bis an die Waden
Gehen dieses Jahr die Schwaden;
Auseinander fliegt
Schnell das Gras von zwanzig Händen,
Daß geflockt an allen Enden
Alles in der Sonne liegt.

Heißer brennt es von dem Himmel,
Ruhiger wird das Getümmel,
Bildet sich zum Zug,
Schwinget rasch den langen Rechen,
Wendet flink die vollen Zechen,
Und es rauscht der Halm im Flug.

Immer wieder, immer wieder
Wechseln rüstig Reih'n und Glieder
Emsig ab und auf,
Unter Lachen, unter Plaudern,
Rechts und links und ohne Zaudern,
Künstlich ihren Ringellauf.

Neckend geh'n sie manche Stunde
Wiederholt die heiße Runde;
Und die junge Welt
Weiß es listig so zu spielen,
Daß sich jedes von den Vielen
An das liebste Plätzchen stellt.

Glühend wird die Mittagshitze!
Alles eilt dem Schattensitze
An dem Walde zu;
Oder lagert mit dem Kober
Hungrig sich am größten Schober,
Erst zum Mahl und dann zur Ruh'.

Besser schmeckt aus großen Töpfen
Frische Milch als Herrenschnepfen,
Wenn man sich gerührt;
Wasser besser als die Weine,
Die der Fuhrmann von dem Rheine
Nur für Gold herüber führt.

Leise schlummern nun die Alten,
Und die jungen Wichter halten
Ihre gute Zeit;
Spielen, spotten, necken, kosen,
Werfen sich mit wilden Rosen,
Bis zu wilder Fröhlichkeit.

„Hollah, endet euer Flüstern,
Höret, wie die Halme knistern!"
Ruft der Altpapa;
„Jungen, Mädchen, zugegriffen!
Morgen wird zum Tanz gepfiffen;
Jetzo ist noch Arbeit da."

Alles kommt herangestürmet,
Schober werden aufgethürmet,
Vor dem Abendthau:
Michel schwingt die große Gabel,
Hebet schwitzend, wie zu Babel,
Mächtig seinen Riesenbau.

Alles jauchzet ausgelassen
Durch des Heues lange Gassen;
Und der Alte singt
Einsam schmunzelnd und zufrieden,
Daß er seine Pyramiden
Glücklich noch zusammen bringt.

Schwer geladen werden Wagen,
Hohe Berge heimzutragen
Für das lange Jahr.
Mögen nicht mit wildem Trosse
Stolz verzehren fremde Rosse,
Was des Friedens Gabe war!

Wie aus einem Paradiese
Duftet Balsam von der Wiese,
Und die Krankheit weicht;
Städter wallen rasch nach Hause,
Die in ihrer engen Klause,
Bange gestern noch gekeucht.

Grillen zirpen, Wachteln schlagen,
Späte Nachtigallen klagen
Ihren Abschied sich;
Und der Sperling in dem Rohre
Zanket mit dem ganzen Chore
Unermüdet ritterlich.

Fliegen summen, Käfer schwirren;
Neugeschärfte Sensen klirren
In dem Grase schon!
Fernher in der Abendröthe
Hallt des Waldhorns und der Flöte
Sanft gemischter Zauberton.

Neben dem Forellenbache
Zieht mit Singsang und Gelache
Alles freundlich heim,
Findet Abends bei der Mutter
Milch und Brod und frische Butter
Köstlich süß, wie Honigseim.

Morgen ist ein Fest für Knaben,
Die Johanniskronen haben:
Fort noch, in das Feld!
Wer die schönste Krone windet
Und die schönsten Bänder bindet,
Ist beim Tanz des Tages Held.

Hört, es hallen Heerdenglocken
Von der Trift am hohen Rocken
Dort dem Dorfe zu;
Dirnen, eilet und versehet
Stall und Keller schnell, und gehet
Dann zum Mahl und bann zur Ruh'.

Seume.

95. Heureigen.

Wenn kühl der Morgen athmet, geh'n
Wir schon auf grüner Au,
Mit rothbeglänzter Sens', und mäh'n
Die Wies' im blanken Thau.
Wir Mäher, dalberaldei!
Wir mähen Blumen und Heu!
    Juchhei!

Die Lerche singt aus blauer Luft,
Die Grasemück' im Klee,
Und dumpf dazu als Brummbaß ruft
Rohrdommel fern am See.
Wir Mäher, dalberaldei!
Wir mäh'n im Schwabe das Heu!
    Juchhei!

Und scheint die liebe Sonne warm,
Dann kommt der Mägdlein Schaar,
Den Rock geschürzt, mit bloßem Arm,
Strohhüt' auf glattem Haar.

Die Mägdlein, balderaldei!
Sie harken Blumen und Heu!
    Juchhei!

Der Bursch, umweht vom Duft des Heu's,
Winkt oft den Mägdlein zu,
Und streicht die Sens', und wischt den Schweiß,
Und seufzt: Ach harktest du!
Die Mägdlein, balderaldei!
Sie häufen Schober von Heu!
    Juchhei!

Ist weit hinab die Wiese kahl,
Dann lagern wir uns frisch
In bunter Reih' zum frohen Mahl,
Am blüh'nden Dorngebüsch.
Die Mägdlein, balderaldei!
Ruh'n gern selbander im Heu!
    Juchhei!

Bepackt wird dann der Wagen ganz,
Die Achs' und Leiter knackt;
Die schönste Dirn im Blumenkranz
Wird oben b'rauf gepackt.
Hell kreischt sie: balderaldei!
Gewiegt von duftendem Heu!
    Juchhei!

Zur Bodenluk' hereingebracht
Wird dann die Last des Heus,
Und brav geschäkert und gelacht;
Denn Schäkern spornt den Fleiß.
Am Giebel, balderaldei!
Steh'n wir, und rasseln im Heu!
    Juchhei!

Zuletzt beim Schmaus und Reigen tönt
Schalmein= und Fiedelklang:
Da tanzt man, daß der Boden dröhnt,
Den ganzen Abend lang;
Und schläft dann, balderalbei!
Wir Bursche schlafen im Heu!
Juchhei!

Voß.

96. Vorklang der Ernte.

Sieh', wie das Aehrenfeld vom goldnen Abendduft
Befriedigt, schweigt und tief heraus die Wachtel ruft.

Sie ruft: So lange hab' ich euer Feld gehütet,
Nun hüt' ich's euch nicht mehr, denn ich hab' ausgebrütet.

Habt Dank, daß ihr geschont, so lang ich hier gewohnt;
Kommt, erntet nun, und seid von Segen reich belohnt!

Die Aehren nicken drein im letzten Abendschein,
Geerntet wollen sie am nächsten Morgen sein.

Vor einem andern Klang verstummt der Wachtel Sang,
Die Sicheln hämmert man das stille Dorf entlang.

O könnten wir es froh erwarten wie die reifen,
Wenn über Nacht man so wird uns die Sichel schleifen!

Rückert.

97. Im August.

Wann durch das Feld die blanken Sensen klingen,
Wann sich die hohen goldnen Halme neigen,
Wann um den Aehrenkranz in wilden Reigen
Die Schnitter mit den Schnitterinnen springen:

Dann will ein jeder um die Stirne schlingen
Ein buntes Band, und sich als Mäher zeigen;
Wer ist so arm, daß er sich nicht zu eigen
Ein Saatenfeld und Samen könnt' erringen?

Die Hoffnung pflügt für Alle das Gefilde,
Und flinke Wünsche streu'n mit vollen Händen
Die Körner in den weichen Schooß der Erden.

Dir ist das Jahr mit den zwölf Monden milde,
Drum will ich dir die schärfste Sichel spenden,
Die nimmer stumpf soll in der Ernte werden.

Wilhelm Müller.

98. Wachtelschlag.
(Fliegendes Blatt.)

Hört wie die Wachtel im Grünen schön schlägt:
„Lobet Gott, lobet Gott!
Mir kommt kein Schauer," sie sagt.
Flieget von einem in's and're grün' Feld
Und uns den Wachsthum der Früchte vermeldt;

Rufet zu Allen mit Lust und mit Freud:
„Danke Gott, danke Gott!
Der du mir geben die Zeit."

Morgens sie ruft, eh' der Tag noch anbricht:
„Guten Tag, guten Tag!"
Wartet der Sonnen ihr Licht;
Ist sie aufgangen, so jauchzt sie vor Freud',
Schöttert die Federn und strecket den Leib,
Wendet die Augen dem Himmel hinzu:
„Dank sei Gott, Dank sei Gott!
Der du mir geben die Ruh."

Blinket der kühlende Thau auf der Heid':
„Werd' ich naß, werd' ich naß!"
Zitternd sie balde ausschreit;
Flieget der Sonne entgegen und bitt,
Daß sie ihr theile die Wärme auch mit,
Laufet zum Sande und scharret sich ein:
„Hartes Bett, hartes Bett!"
Sagt sie und legt sich darein.

Kommt nun der Waidmann mit Hund und mit Blei:
„Fürcht mich nicht, fürcht mich nicht!
Liegend ich beide nicht scheu;
Steht nur der Weizen und grünet das Laub,
Ich meinen Feinden nicht werde zum Raub;
Aber die Schnitter die machen mich arm,
Wehe mir, wehe mir!
Daß sich der Himmel erbarm."

Kommen die Schnitter, so ruft sie ganz keck:
„Tritt mich nicht, tritt mich nicht!"
Liegend zur Erde gestreckt.

Flieht von geschnittenen Feldern hindann,
Weil sie sich nirgends verbergen mehr kann,
Klaget: „Ich finde kein Körnlein darin,
Ist mir leid, ist mir leid!"
Flieht zu den Saaten dahin.

Ist nun das Schneiden der Früchte vorbei:
„Harte Zeit, harte Zeit!"
Schon kommt der Winter herbei;
Hebt sich zum Lande zu wandern nun fort
Hin zu dem andern weit fröhlichern Ort;
Wünschet indessen dem Lande noch an:
„Hüt' dich Gott, hüt' dich Gott!"
Flieget in Frieden bergan.

(Volkslied.)

99. Des Sommers Gaben.

Der flammende Monarch der Zeiten
Bestrahlte, sonder Duft und Wolken, Luft und Land;
Sein lebensreicher Wunderbrand
Ergoß sich wie ein Meer von Glanz und Heiterkeiten;
Und kurz, es war ein angenehmer Tag,
Als Thyrsis, wie er öfters pflag,
Im kühlen Schatten einer Linden,
Auf weichem Gras' halb saß, halb lag,
Und bald den Himmel, bald die Welt,
Bald der Natur vollkommne Pracht,
Zum Vorwurf seiner Lieder macht'.
Indem ward er ein reifes Feld,
Worauf der Bauern muntre Schaar
Mit Mähen theils, und theils mit Binden
Beschäftigt war, gewahr,

Die Schnitter ernteten, die Scheunen anzufüllen,
Der Aecker gelben Schmuck mit sauren Freuden ein;
Man sah so manchen Bach von lauem Schweiße quillen;
Die Sensen blitzeten, es rauschte jeder Hieb,
Wenn die beschwitzte Faust ihn durch die Halmen trieb.
Hier band, dort lud man auf; kaum konnten große Wagen
Das raschelnde Gewicht gebund'ner Garben tragen.
Die Achse seufzt und knarrt, der Fuhrmann klatscht und schwingt
Die schlanke Geißel um; indem er fröhlich singt,
Verdoppelt er die Kraft der weißbeschäumten Pferde;
Sie zieh'n, der Boden beb't, es zittert selbst die Erde,
Gedrückt von eigner Frucht. Ein emsiges Gewühl,
Das denen selbst, die es mit Müh' erregt, gefiel,
Gefiel auch ihm; er fühlt' in der gereizten Brust
Ein' Andacht = Gluth, ein Freudenfeuer, glimmen
Und fing gleich an, vor Gott geweihter Lust,
Dies Sommerlied dem Schöpfer anzustimmen:

Schau an, o Mensch, mit ehrfurchtvoller Freude,
Das dich ernährende Getreide!
Sein wunderbar Gewächs, auch eh' es reift,
Blatt, Wurzel, Halm, woran die Knoten sitzen,
Wodurch sein schlanker Fuß gesteift,
Der, ohne diesen Gegenhalt,
Beim Sturm und Regen alsobald,
Ja gar allein durch eigne Bürde,
Zerbrechen und zerknicken würde,
Und dessen Schwäche doch so nöthig ist,
Weil sonst das Korn ein gier'ger Vogel friß't,
Als welcher sich hieran
So leicht nicht halten kann.
Das Körnchen selbst, die Aehren, ihre Spitzen
(Womit, daß es der Vögel Heer
Im Fluge nicht verzehr',
Sie ihre süße Frucht beschützen)

Sind von des Schöpfers weiser Macht
So viele Zeugen.
Drum muß ein Mensch, der dies betracht't,
Von seinem Ruhm nicht schweigen.

Hier wallt zu unserm Nutz, zu Gottes Ehr,
Von reifem Korn ein gelbes Aehrenmeer,
Das, wenn der laue West auf seiner Fläche schwebet,
Bald, Wellen gleich, sich senket, bald sich hebet.
Nicht glaublich ist, wie sich das Aug' erfrischt,
Wenn sich das Gelb und Weiß der Halm' und Aehren mischt;
So wie sich Weiß und Gelb auf blondem Haar vereint,
Wodurch ihr sanfter Glanz wie Gold und Silber scheint:
So spielt durch Weiß und Gelb das wallende Getreide,
Und läßt in regem Licht bald Gold, bald Silber seh'n.
Ein weißlich Grau bedeckt das dürre Land,
Ein helles Weiß den gelben Sand.
Es mehrt der Kräuter Grün, die zwischen ihnen steh'n,
Sammt mancher blauen Blum', oft uns'rer Augen Freude.

Indem ich dieses schöne Blau
Der Kornblum' im Getreide schau',
Das, wie der Himmel, wenn er schön
Und ausgeheitert, anzuseh'n;
So deucht mich, daß der Farben Zier
So Aug' als Geist gen Himmel führ'.
Vielleicht hat Gott dem Blümchen hier
In diesem holden Aehrenmeer
Des Himmels Farbe wollen schenken,
Damit wir Menschen möchten denken:
Vom Himmel kommt der Segen her.

Hier sieht man bunten Buch= bei rechtem Weizen blüh'n;
Des Habers Seladon, der Wiesen saftig Grün.

Der Büsche dunkles Laub, vergnügt mit holder Pracht
Durch's Auge, Blut und Geist. So Geist als Blut wird rege,
Und spürt in sanfter Lust des Schöpfers Liebe, Macht,
Und weiser Majestät verborg'ne Wunderwege.
Mich deucht, ich hör',
Um zu des Schöpfers Ruhm mich anzufrischen,
Der Aehren lispelndes Geräusch:
Schau', Mensch! hier wächst dein Fleisch!
Mir gleichsam in die Ohren zischen.

Itzt gleicht die schwüle Luft durchsichtigem Krystall;
In Glanz und Wärme schwimmt der Erdkreis überall.
Der Sonne himmlisch Licht besleußt die schöne Welt;
Dort glimmt in grünem Feu'r das dick begraste Feld,
Das Vieh in rother Gluth. Ein schimmernd Silber schmückt,
Zusammt dem schwanken Schilf, der Weiden glatte Blätter,
Indem die Sonn' ihr Bild, bei aufgeklärtem Wetter,
In ihr so festes Laub, als wie in Spiegel drückt.
Vermuthlich, daß, gerührt durch so viel heit're Lichter,
Die unempfindlichen Gesichter
Doch möchten auf ihr Urbild sehen.

Es sehen die entfernten Höhen
Von dicken Büschen rauh und kraus,
Wie Purpur am Gesichtskreis' aus,
Und kann man gar, im hohlen Zwischenstraube,
Die durch der Sonne Gluth erhitzte Luft,
Wie einen zarten Duft,
Auf dem so hell bestrahlten Lande
In warmer Klarheit ruhen sehen.
Es glüht und kocht die Luft, es blinket Holz und Stein,
Das rege Wasser glänzt im hellen Wiederschein.

Man konnte hie und da auf den sonst eb'nen Flächen
Viel schnell erhabene, den Wellen gleiche Höh'n
In reichen Garben=Hügeln seh'n,
Die, wenn sie güld'ne Sonnenstrahlen
Früh ost= und Abends westwärts malen,
Viel dunkle Linien auf hellem Grunde
Früh west= und Abends ostwärts zieh'n;
Daher das helle Feld durch zierlich dunkle Striche
Der schönsten Perspective gliche.
Mit seiner Stoppeln Gold prangt noch das leere Feld,
Vom nah gelegnen Busch umgeben und bekränzet,
Durch dessen helles Grün, das wie Smaragden glänzet,
Wann es von weitem sich vereint,
Sein Gold, wie durch dies Gelb sein Grün, weit schöner scheint.

Es kann mit einer neuen Freude
Ein aufmerksames Auge seh'n
Von selbst gewachs'nes Gras und Kraut
Noch zwischen kurzen Stoppeln steh'n,
So nicht gesäet, nicht gebaut,
Worin das Vieh von neuem seine Weide
Auch nach der Ernt', ohn' uns're Mühe findet,
Das uns zu Gottes Ruhm ja wohl mit Recht verbindet.

Den ganzen Erdenkreis beseelt und wärmt die Sonne,
Vor Freuden lacht das Feld, es wallt das Gras vor Wonne.
Man sieht oft wie das Laub, ob's keinen Wind gleich spürt,
Vor innerlicher Lust gekitzelt, selbst sich rührt.
Das durch so heitern Lebensbrand
Bestrahlte Land
Dampft aus, vor heißer Liebesbrunst,
Ein fruchtbar Oel in einem zarten Dunst,
Wodurch viel kleine bunte Fliegen,
Und gaukelndes Gewürm, ihr Leben kriegen,
Die in dem warmen Sonnenschein
Geflügelte Trompeter sein.

Die grund= und grenzenlose Tiefe
Des Firmaments, der Ewigkeit ihr Bild,
Ist so mit Glanz und Licht erfüllt,
Daß auch die allerschärfsten Augen
Ihr blendend Blau kaum anzusehen taugen.

Brockes.

100. Der Bauer in der Ernte.

Ihr Buben, frisch in's Feld hinaus,
  Es winken uns die Aehren;
Wir wollen auf dem Acker draus
  Den lieben Herrgott ehren!
Hört, wie der Schwalbe Lied so fein
  Auf unsrer Rinne klingt,
Und wie dies kleine Vögelein
  So wunderlieblich singt.

Da schaut einmal die Halmen an,
  Von tausend Aehren trächtig,
Und so viel tausend Körnlein dran,
  Wie ist doch Gott so mächtig!
So gülden, wie mein Korn, ist nicht
  Des kleinen Jörgen Haar.
Jetzt glaub' ich, was der Pfarrer spricht,
  Ich seh's ja, es ist wahr.

Die Wölklein ziehen über mir,
  Wie Lämmlein, still vorüber;
Du guter Gott, wie dank' ich dir,
  Mir geh'n die Augen über.

Er, der mein Haus mit Trank und Brod,
   Der mir mein Vieh erhält;
So gut, wie unser lieber Gott,
   Ist halt nichts auf der Welt.

In einem Orte, weit von hier,
   Wie wird's da werden theuer!
Der Hagel fiel, man sagt' es mir,
   So groß, wie Hühnereier.
Die guten Leutlein dauern mich
   In ihrer großen Noth;
Gott weiß, mit ihnen theilte ich
   Den letzten Bissen Brod.

Heut stell' ich einen Fei'rtag an,
   Den lieben Gott zu preisen;
Dort kommt ja mein Gevattermann,
   Der singt nach allen Weisen.
Gelt, Weibchen, gelt, du singst mit mir?
   Ihr Buben, lobet Gott!
Nun, G'vattermann, so singt uns für:
   Nun danket alle Gott!

                        Schubart.

101. Schnitterlied.

Die du dich mit Aehren kränzest,
Blonde Ceres, habe Dank!
Ceres, für der Ernte Segen
Dankt der Schnitter Erntelied.
Wir, und die die Garben binden,
Rufen alle: Habe Dank!

Lehnt euch nicht, ihr muntern Schnitter,
Lehnt euch auf die Sense nicht!
Denn die Erntefessel drohet,
Und der Erntekönig spricht:
Den, der auf der Sense ruhet,
Feßle stracks die Schnitterin.

Weichet nicht, ihr kühlen Winde,
Weichet von dem Felde nicht!
Flattert sanft um seine Schläfe,
Wenn der Schnitter Aehren fällt;
Flattert sanft um ihre Wangen,
Wann die Dirne Garben setzt.

Grille, die du um uns hüpfest,
Singe dein hell schwirrend Lied!
Und du, großer Krug der Ernte,
Wohl gedeih' dein Firnemost!
Sei nie leer, du Krug der Ernte,
Wann der Schnitter zu dir kehrt.

Endlich strahlt der Mond vom Hügel,
Uebersieht das nackte Feld,
Und von allen Garben steiget
Süßer Duft zum Himmel auf.
Und wir zieh'n mit Lobgesange
Durch das stoppelvolle Feld.

Die du dich mit Aehren kränzest,
Blonde Ceres, habe Dank!
Opferrauch der Erstlingsgarbe
Steigt zu deinem Wolkenthron.
Garbenbinderin und Schnitter
Rufen alle: Habe Dank!

Voß.

102. Erntelied I.

....

Sicheln schallen,
Aehren fallen
Unter Sichelschall;
Auf den Mädchenhüten
Zittern blaue Blüthen;
Freud' ist überall.

Sicheln klingen;
Mädchen singen
Unter Sichelklang;
Bis, vom Mond beschimmert,
Rings die Stoppel flimmert,
Tönt der Erntesang.

Alles springet,
Alles singet,
Was nur lallen kann.
Bei dem Erntemahle
Ißt aus Einer Schale
Knecht und Bauersmann.

Hans und Michel
Schärft die Sichel,
Pfeift ein Lied dazu;
Mähet; dann beginnen
Schnell die Binderinnen,
Binden sonder Ruh.

Jeder scherzet,
Jeder herzet
Dann sein Liebelein.
Nach geleerten Kannen
Gehen sie von dannen,
Singen und juchhein!

         Hölty.

103. Gemähetes Getreide.

Gott Lob! es ist die Erntezeit,
Die wir so lang' gewünschet haben!
Die reife Saat ist abgemeyt,
Betrachtet denn des Himmels Gaben!

Man sieht von Gersten, Weizen, Rocken
Die hohen, groß= und schweren Hocken,
Gleich kleinen Bergen, aufgethürmt.
Du hast, Herr! unsern Wunsch gewähret,
Du hast den Segen uns bescheret,
Du hast ihn auch bisher beschirmt.

Jetzt sehen wir ihn mit Vergnügen,
Zur Scheuren fertig, vor uns liegen,
Das Feld voll Segenshügel steh'n,
Wir sehen jetzt, so weit wir seh'n,
So weit sich unser Blick erstreckt,
Wie sich das Feld, in gelben Höh'n,
Mit lauter güld'nen Bergen deckt.

Es mehrt sich noch ihr gelber Schein
Dadurch, daß sie so reich beladen,
Zumal, da sie von Tresp' und Raden,
Von Blumen und von Unkraut rein.

Man kann auf den gebund'nen Spitzen
Nichts als gefüllte Aehren sitzen,
Vor Aehren keine Halmen seh'n.
Auf dieser kleinen Berge Gipfeln
Sieht man, in den gebog'nen Wipfeln,
Nicht Blätter, lauter Früchte, steh'n.

Derselben Gipfel scheinen Kronen,
Des Landmanns Mühe zu belohnen,
Ein jeder scheint ein Segenskranz;
Ein jedes Körnchen, das man siehet,
Da es im Strahl der Sonnen glühet,
Empfänget einen gülb'nen Glanz.

Macht dies gemähete Getreide,
Geliebter Mensch, dir keine Freude,
Und siehst du es gleichgültig an;
So weiß ich nicht, was dich erfreuen,
Was Lob und Dank bei dir erneuen,
Und dich zum Schöpfer führen kann.

Wenn wir, als Menschen, überlegen,
Wie viel von Kälte, Sturm und Regen
Die schwache Frucht erduldet hat,
Seit so viel Tagen, wie viel Stunden,
So viel Minuten und Secunden,
Bei Tag und Nacht, so früh als spat;
So können wir es nicht begreifen,
Wie sich das Korn erhalten kann,
Und sehen's als ein Wunder an,
Wodurch vom Wachsen und vom Reifen,

Die Wunderwerke sich noch häufen.
Wir singen denn für alle Güte,
Mit recht erkenntlichem Gemüthe:
Herr! Schöpfer und Erhalter! Dir
Sei einzig Lob und Dank dafür!

Brockes.

104. Erntelied II.

Windet zum Kranze die goldenen Aehren,
Flechtet auch Blumen, die blauen, hinein!
Blumen allein können nicht nähren;
Aber wo Aehren die Nahrung gewähren,
Freuet der süße, der blumige Schein.
Windet zum Kranze die goldenen Aehren,
Flechtet auch Blumen, die blauen hinein,
Holet die Wagen, mit Garben beladen,
Aus dem Gefilde mit Sang und mit Klang.
    Klang und Gesang
      Kann ja nicht schaden;
Lange genug hat in Thränen sich baden
Kümmerniß müssen in furchtbarem Drang.
Holet die Wagen mit Garben beladen,
Aus dem Gefilde mit Sang und mit Klang.
Stellet an Gottes Altäre die Garben,
Der uns den himmlischen Segen verlieh'n.
Lobet mit hellem, mit feurigem Psalme,
Lobet den milden Ernährer der Welt.
    Wilde im Zelt
      Nähret die Palme;

Uns auf die leichten, die schwankenden Halme
Hat er des Lebens Bedürfniß gestellt.
Lobet mit hellem, mit feurigem Psalme,
Lobet den milden Ernährer der Welt.
Beuget dem Herrn euch mit stummem Erzittern,
Der in den Wolken, den donnernden, wohnt;
  Daß er verschont
  Mit den Gewittern,
Daß nicht die Halme, die schwanken, zersplittern,
Ehe den Fleiß sie des Schnitters belohnt.
Beuget dem Herrn euch mit stummem Erzittern,
Der in den Wolken, den donnernden, wohnt.
Laßt uns das zarte Geheimniß bedenken,
Das aus dem nährenden Körnchen uns ruft.
  Still in die Gruft
  Muß es sich senken,
Eh' es zum Lichte die Spitze kann lenken,
Sprossen und reifen in himmlischer Luft.
Laßt uns das zarte Geheimniß bedenken,
Das aus dem nährenden Körnchen uns ruft.
Laßt uns der Arbeit Bedeutung erkennen,
Welche das irdische Leben bedingt,
  Wie sie entringt
  Körner der Tennen,
Und aus der Räder zermalmendem Rennen
Endlich den Stoff, den geläuterten, bringt,
Laßt uns der Arbeit Bedeutung erkennen,
Welche das irdische Leben bedingt.
Bittet den Herrn, daß er gebe den Segen
Allen Gewerken in Stadt und in Land,
  Die den Verband
  Hegen und pflegen;
Aber den sichern Grundstein zu legen,
Segn' er uns zweifach die säende Hand.

Bittet den Herrn, daß er gebe den Segen
Allen Gewerken in Stadt und in Land.
Flehet zum Herrn, daß die Herren der Erde
Gnädig von oben erleuchte sein Licht.
Bittet, daß Gott der uns Leben gegeben,
Gebe die Krone des Lebens dazu:
  Friedliche Ruh,
  Fröhliches Streben,
Daß, was da lebet, sich freu' auch am Leben,
Ab sich der langen Bekümmerniß thu',
Bittet, daß Gott, der uns Leben gegeben,
Gebe die Krone des Lebens dazu.
Windet zum Kranze die goldenen Aehren,
Flechtet auch Blumen, die blauen, hinein.
  Blumen allein
  Können nicht nähren;
Aber wo Aehren die Nahrung gewähren,
Freuet der süße, der blumige Schein,
Windet zum Kranze die goldenen Aehren,
Flechtet auch Blumen, die blauen, hinein!

Rückert.

105. Betrachtung der Ernte.

Geliebte Menschen, sehet! sehet!
Wie jetzt der Segen abgemähet,
In schweren Garben aufgehöhet,
Hier in so süßer Ordnung stehet!
Es seh' ihn, wer da sehen kann,
Mit Lust, doch nicht ohn' Ehrfurcht an.

Erwägt, was ihr für Menschen wäret,
Würd' euch nicht von des Himmels Gunst,
In der beliebten Landbau = Kunst,
Was uns so nöthig, nicht bescheret!
Erwäget, was dazu gehöret,
Eh' das, was hier jetzt aufgehäuft,
Gesä't, gewachsen, sich vermehret,
Und endlich auch nunmehr gereift!

Ich spreche nicht vom Pflügen, Eggen,
Vom Düngen, Säen und vom Mäh'n,
Als Dingen, die von uns gescheh'n;
Ich spreche von des Himmels Segen,
Vom Sonnenschein, vom Thau, vom Regen.
Erwäge doch der Zeiten Länge,
Die zu dem allem nöthig war!
Es sind ja fast drei viertel Jahr.
Erwäget der Minuten Menge,
Die Gott euch wollen günstig gönnen,
Und die euch alle schaden können!
Wie viele Monat', mehr noch Wochen,
Wie mancher Tag, wie manche Nacht,
Sind früh und spät herein gebrochen,
Die immer Segen mitgebracht!
Was uns der Himmel wollen gönnen,
Die Hoffnung von dem ganzen Jahr,
Hätt' uns mit vielerlei Gefahr
Ein' einz'ge Stunde rauben können.
So aber hat uns Gott beschützet,
(Ach, würd' es doch mit Ernst bedacht!)
Es hat zum Schaden nicht geblitzet,
Fast gar kein Donnerstrahl gekracht.
Es hat kein wilder Sturm geschnaubet,
Kein Hagelschau'r des Feldes Pracht,
Und, in ihr, unsern Schatz geraubet.
Ach, würd' es doch mit Ernst bedacht!

Es tränkte Kräuter, Klee und Gras,
Dem glatt= und fetten Vieh zur Weide,
Ein sanft= und nicht zu oftes Naß,
Die Sonne reifte das Getreide.
Es ist nunmehr so weit gediehen
Mit dem, was Gott uns hat beschert,
Daß, was der Schöpfer uns verliehen,
Man nunmehr in die Scheune fährt.
Es können große Leiterwagen,
Womit die Lader sich bemüh'n,
Das raschelnde Gewicht kaum tragen,
Die Pferde kaum die Bürde zieh'n.
Seht, wie für diesen großen Segen
Die Thüren fast zu niedrig sein,
Wie, alles ordentlich zu legen,
Die großen Scheuren fast zu klein.
Ach, laß es uns zu Nutz ersprießen,
Was man jetzt in die Scheuren führt!
Herr! laß es uns mit Dank genießen,
Der dir allein dafür gebührt!
Ach, laß uns deiner oft gedenken
Und dir, o großes All! allein
Ein Opfer unsrer Lippen schenken,
Das dir gefällig möge sein!

Brockes.

106. Altenburgische Ernte.

Das nenn' ich ein Erntewetter
Just wie's im Kalender steht.
Morgen hält's noch, wenn die Sonne
Klar wie heute untergeht.

Und die Wagen knarr'n und schwanken
Unter ihrer goldnen Last;
Sind doch schon die räum'gen Scheunen
Voll bis an den Balken fast.

Schmunzelnd nickt der alte Schulze,
Schiebt die Kapp' auf's rechte Ohr,
Rückt den Bauch, den wohlgepflegten,
Noch um eins so stolz hervor.

Munter, tummelt euch, Ihr Dirnen,
Brennt die Sonne auch was heiß —
Kaum ein Drittel ist geschnitten —
Ei, das nenn' ich Ehrenschweiß.

Wenn der Hase über Stoppel
Erst durch meine Felder setzt —
Na, der Schulze ist kein Knauser —
Mädel, ihr versteht mich jetzt.

Immer lustig rührt die Sichel!
Sonntag gibt es Erntekranz,
Und mit Dörtchen tanzt der Michel,
Und die Grete mit dem Hans.

v. Gaudy.

107. Bei dem erfreulichen Einfahren des Getreides.

....

Man hört jetzt manchen frohen Schall,
Es klatscht der schlanken Geißel Knall,
Man hört ein Rasseln überall,
Man eilet fröhlich hin und wieder
Befährt die Aecker auf und nieder,
Es rollen Wagen voll und leer,
Die langsam hin, die schleunig her,
In einem kurzen Trab und eilen
Den leeren wieder mitzutheilen.

Der frohe Fuhrmann jauchzt und singt,
Der kurze Knall der Geißel klingt,
Bis er das Korn zum Scheunthor bringt,
Wodurch es sich mit Mühe bringt;
Es müssen sich die Garben beugen,
Dieweil das Thor für sie zu klein
Und sie so hoch geladen sein,
Drum müßen sie sich zischend neigen.
Dann schwärzet sich des Tages Schein,
Es nimmt ein angenehmer Schatten
Das ganze Vorwerk plötzlich ein.
Die Pferde zieh'n und stehen kaum,
Als man den angezwängten Baum,
Den sie ganz krumm gezogen hatten,
Erlöset und die Freiheit schenkt;

Worauf sodann ein munt'rer Knecht
Mit Händen an das Seil sich henket,
Und oben auf den Wagen schwenket,
Mit einer Gabel die sich krümmt,
Die Garben in die Höhe hebt,
Wodurch er sich herunter gräbt,
Und sie dahin zu reichen strebt,
Wo man sie von der Gabel nimmt,
Sie da, woselbst sie hin bestimmt,
Auf den erhab'nen Balken trägt,
Und sie daselbst in Ordnung legt.

Brockes.

108. Zinsvögel.

Am vollen Erntewagen
Froh wallt der Bauer einher,
Die Erntekränze sie lagen
Auf garbenbeladenen Wagen,
Die Rößlein zogen gar schwer.

Ein Adler flog an den Wagen:
„Mein Bäuerlein, halt, ich bin's!
Daß Füchse dein Huhn nicht nagen,
Verbarg ich's in meinem Magen;
Lab' ab mir den Schutzherrnzins!"

Ein Falke flog in den Räumen:
„Mein Bäuerlein, halt, ich bin's!
Ich lasse dein Saatfeld keimen,
Wie Sonn' und Hagel es reimen;
Lab' ab mir den Bodenzins!"

Gehüpft kam auch ein Rabe:
„Mein Bäuerlein, halt, ich bin's!
Daß ich, der einst dich begrabe,
Zu überleben dich habe,
Lab' ab mir den Sterbezins!"

Zur Scheuer rollte der Wagen,
Die Rößlein zogen nicht schwer;
Die Erntekränze nur lagen
Und soviel Garben am Wagen,
Daß Einer d'rauf schlafe, nicht mehr!

Der Bauer betet gen oben:
„Es soll, hilf Herr des All's,
Der Adler mein Blei noch erproben,
Der Falk' in den Schlingen mir toben,
Um dreh' ich dem Raben den Hals!"

Hui sank er auf's Stroh, ein Müder,
Und an ein Schnarchen ging's;
Da schwebten vom Himmel hernieder
Zwei Täublein im Silbergefieder,
Eins rechts zu ihm, eins links.

Sie fächeln ihm mit den Schwingen
Den Schweiß vom Stirnenrund,
Die goldenen Schnäblein klingen,
Was sie in's Ohr ihm wohl singen?
Süß lächelt und lispelt sein Mund.

Das mocht' ihn gar tröstlich umschmiegen,
Das mochte gar Friedliches sein,
Er läßt ja den Adler noch fliegen,
Den Falken in Lüften sich wiegen,
Den Raben hüpfen und schrei'n.

Dies Lieblein, in blühenden Hagen
Sang's Einer vom Falkengeschlecht,
Hat oft von den Erntewagen
Sein Futter sich heimgetragen,
Weiß Gott, es schmeckt ihm nicht recht.

Anastasius Grün.

109. Nach der Ernte.

Wohin ist jetzt das Segensmeer,
Das auf dem Felde wallete?
Ich sehe ja, so weit ich seh'
Ein ungewohntes großes Leer.
Die scharfen Blicke schauen nichts,
Sie mögen noch so weit sich strecken.
Die vor'ge Freude des Gesichts
Ist nirgend weiter zu entdecken.
Doch, o gesegnet Leer! wie schön
Ist dein erwünschtes Nichts zu sehn!
Die schöne Frucht, des Blick's Ergötzen,
Der reiche Schatz, der nicht zu schätzen,
Der uns so lange Zeit erfreut,
Ist nicht nur glücklich abgemäht:
Man konnt' ihn, ohne Sturm und Regen,
Gottlob in uns're Scheuren legen!
Daher das Feld, auch ohne Pracht,
Den Augen neue Freude macht.

Was unser Gott uns nun beschert,
Ist fernern Denkens ja wohl werth.

Auf recht bewundernswerthe Weise
Ist aus der Erde Korn, die Speise,
Woburch wir uns ernähren sollen,
Dem Schein nach, recht hervor gequollen,
Der Saft ist, durch so manche Röhre,
Von unten auf bis zu der Aehre,
Im hohlen Halm empor geführt.
Er hat beständig zirkulirt,
Wie man, nachdem man es ergründet,
Den Trieb in allen Pflanzen findet.

Erwäge denn, vernünft'ge Seele!
Sprich, wer formirte die Canäle
Von wem ist dieser zarte Saft
Voll segensreicher Nahrungskraft,
Für uns, auch für das Vieh, bereitet?
Wer hat es dergestalt geleitet?
Wer ließ es in den Zäserlein
Der Wurzel, die kaum sichtbar sein,
Im finstern Schooß der feuchten Erden,
Zertheilt und als verdauet werden?
Wer bildete die schönen Aehren,
Das nette Korn, die zarte Blüthe?
Durch wessen unumschränkte Güte
Konnt es so reichlich sich vermehren,
Daß auch die stärksten Leiterwagen
Nur kaum die schweren Lasten tragen,
Da doch nur wenig Zeit zuvor
Der Sämann alles Samenkorn,
Woraus nun solch Gewicht entsprossen,
In wenig Säcken eingeschlossen?

Je minder wir nun alles fassen,
Je minder muß man unterlassen,

An den in Ehrfurcht zu gedenken,
Der uns durch eine weise Führung
Durch seine gnädige Regierung,
Die Körperchen so wohl zu lenken,
Und uns dadurch viel Guts zu schenken,
So liebreich uns gewürdigt hat.

Allein wo kömmt das Elend her?
Ich dacht, ich würd' unglaublich mehr
Vergnügen, Andacht, Dankbegier,
Zur Erntezeit, in mir befinden?
So aber find' ich fast in mir
Den Trieb zur Dankbarkeit verschwinden.
Es wird das Feuer der Freude kalt,
Und will wie ich gehofft nicht glüh'n,
Ich muß mein Herz fast mit Gewalt
Zum Lobe meines Schöpfers zieh'n.

Es ist betrübt, daß im Genuß
Wie einem solchen Ueberfluß
Von Segen und so vielen Gaben,
Die unser Schöpfer uns gegönnt,
Man lange nicht so viel erkennt,
Als wir vorher gehoffet haben,
Daß von sich selbst man wenig kann.

Ich seh' und merke wohl hiebei,
Daß auch der Dank kaum unser sei.
Du mußt, o Herr, in diesem Leben,
Um dich im Dank auch zu erheben,
Das Wollen und Vollbringen geben,
Ach gib denn Wollen und Vollbringen,
So andern Menschen, als auch mir,
Damit wir recht vergnüget dir
Von Herzen Freudenlieder singen.

Brockes.

110. Der Erntekranz.

Da hangt, da hangt der Aehrenkranz!
Die Ernt' ist jetzt vorbei,
Drum ziehen wir zum Erntetanz,
Juchhe! vallbri vallbrei!
Jetzt heißt es: lass't uns zechen,
Seid froh und wohlgemuth!
Hinweg mit Sens' und Rechen!
Ihr Bursche schwenkt den Hut!

Den Hut, den Hut, den schwenken wir,
Juchhe und trinken eins,
Es ist ein edel Märzenbier
Und gilt uns statt des Weins.
Und wenn wir wieder pflügen,
So denken wir noch dran;
Zum Guten muß sich fügen,
Was Lust und Fleiß begann.

Herum, herum, ihr Mägdelein!
Die Freude will kein Ziel,
Will in die weite Welt hinein
Bei Tanz und Saitenspiel.
Und wenn der kalte Winter
Uns von dem Plan verdrängt —
Ein Frühling liegt dahinter,
Der uns zum Tanz empfängt.

Hoffmann von Fallersleben.

111. Herbstlied.

Heim gefahren ist die Ernte,
Durch die Stoppeln weht der Wind,
Die uns von des Himmels Segen
Noch die letzten Zeugen sind.

Alle Aehren sind gelesen
Und der Acker ruht vom Pflug;
Sei die Ruhe ihm gesegnet,
Der so reiche Früchte trug.

Nur ein Feld ist ungemähet,
Taube Halme hat's genährt;
Was der Boden hier getragen,
Hielt man nicht der Ernte werth.

Heil dem Felde, das so Vielen
Bietet seines Reichthums Frucht,
Weh' dem Acker, den nicht eine
Aehrenleserin besucht.

Ernst. (Schleiben.)

112. Zum Erntekranze.

Jetzt fröhlichgemuth
Und schwinget den Hut!
Spielt lustig zum Reigen
Mit Flöten und Geigen!
Juchheißa juchhei!
Die Ernt' ist vorbei.

Die Ernt' ist vorbei,
Juchheißa juchhei!
Flink Ännchen, Mariannchen,
Und Käthchen und Hannchen,
Franz, Heinrich und Fritz
Zum Tanz wie der Blitz!

Zum Tanz wie der Blitz
Franz, Heinrich und Fritz!
Die ganze Gemeine
Muß jetzt auf die Beine!
Juchheißa juchhei!
Die Ernt' ist vorbei.

Hoffmann von Fallersleben.

113. Die Stoppeln.

Auf dem gemähten Rest der Halmen, auf den Stoppeln,
Seh' ich mit Lust den Glanz der Sonne sich verdoppeln,
Es glänzet fast kein Gold so schön, so gelb, so glatt,
Wie jetzt das Feld ein Gold in gelben Stoppeln hat.
Es ist mit neuem Glanz die neue Fläch' erfüllt,
Es blitzt auf jedem Halm ein kleines Sonnenbild.

Wie ich mich nun daran, zu Gottes Ruhm, vergnügte,
Und man nicht lang hernach die Stoppeln unterpflügte,
Sah ich, im Augenblick, das gelbe Feld sich schwärzen.
Ich fing mit meiner Kinder Chor
Hierüber lächelnd an zu scherzen,
Und legt ihnen dieses Thun in einem Räthsel vor:

Räthsel.

Hat Jemand wo die Welt geseh'n mit einiger Aufmerksamkeit
Und ist vor andern weit gereiset,
Der nenne mir nebst Ort und Art und Volk, absonderlich die Zeit,
In welcher jeder seine Mutter mit ihrer Kinder Füßen speiset.

Brockes.

114. Erntevöglein nach theuren Jahren.

Ich hört' ein Sichlein klingen, wohl klingen durch das Korn;
Ich hört' ein Vöglein singen: „Vorbei ist Gottes Zorn."
Das Sichlein klang so köstlich, das Vöglein sang so laut;
Das Sichlein klang so tröstlich, das Vöglein sang so traut:
Ich Vöglein in den Lüften, bin frei von ird'scher Noth;
Ich find' in Waldesklüften wohl auch mein täglich Brod.
Doch mehr als dunkle Wälder preis' ich an diesem Tag
Die hellen Aehrenfelder mit reifem Erntertrag.
Ich hörte fernher klagen, als man das Korn hier schnitt,
Ich fing selbst an zu zagen, als litt ich selbst damit.
Ich sah sie so sich grämen; ein einzig Körnlein nur
Hätt' ich nicht mögen nehmen, da man das Korn einfuhr.
Ich wollte, da sie draschen, und gar so wenig blieb,
Mir auch kein Körnlein haschen, um nicht zu sein ein Dieb.
Wohl hätt' ich einem Reichern recht viel genommen gern,
Der aber hielt in Speichern verschlossen seinen Kern;
Und wenn ein armes Knäblein stand bettelnd vor der Thür,
Reicht' er vom schwarzen Laiblein ein dünnes Stückchen für.
Ich sah die armen Knaben drauf in die Wälder geh'n,
Nach wilden Wurzeln graben, das war hart anzuseh'n.
Ich konnt' es wohl ermessen, sie waren Brod gewohnt,
Und mit dem Wurzelnessen war ihnen schlimm gelohnt.
Die Würzlein schmeckten bitter, der Hunger war der Koch,
Die Kindlein und die Mütter aßen die Würzlein doch.
Als nun sich Beerlein streiften mit rothem Glanz im Wald
Und überroth dann reiften, da freut' ich mich alsbald

Des armen Völkleins willen, daß Gott es nicht verließ,
Den Hunger ihm zu stillen, die Beerlein wachsen hieß.
Da sah ich einzeln laufen auch Kindlein hie und dar,
Doch nicht in hellen Haufen, wie ich's gedacht fürwahr.
Wie? können sie entrathen das süße Waldgericht?
Da hört ich, daß sie's thaten aus Furcht vor einem Wicht.
Es scheuchte sie der Jäger, daß nicht zertreten sei
Der Wald, verstört die Läger des Wildes vom Geschrei.
Ich war vor diesem Falle dem Jäger schon nie grün,
Jetzt hätt' ich Gift und Galle gar mögen auf ihn sprüh'n.
Da flog ich jeden Morgen vom Wald nun aus zu Feld,
Zu seh'n ob noch geborgen die Hoffnung sei der Welt.
Ich zählte jede Aehre die auf dem Acker stand,
Als ob sie selbst mir wäre des Lebens Unterpfand.
Ich zählte alle Aehren, und überschlug im Flug,
Ob auch das Land zu nähren der Aehren wären g'nug.
Ich sah genug der Aehren, sie wuchsen schön heran;
Doch langsam schien's zu währen, wenn Hungernde sie sah'n.
Ich sah auch Blumen drunter, das mühte sonst mich nie,
Ich dacht' es würde bunter nur das Getreid' durch sie;
Doch heuer hätt' ich gerne die Blumen ausgerauft,
Und einem Samenkerne ein Plätzlein mehr erkauft.
Für sanften Regenschauer sang ich sonst Gottes Lob;
Doch jetzt macht er mir Trauer, weil er die Ernt' aufschob.
Und auch vor den Gewittern, davor mir nie ward leid,
Begann ich jetzt zu zittern, für's zitternde Getreid'.
Ihr denkt, daß für mein Nestlein hab' etwa mir gegraut?
Wißt, daß auf keinem Aestlein ich mir hab' eins gebaut.
Ach Gott, ich sah' zerschlagen die Frucht in einem Gau,
Als man die Erntewagen schon rüstete zur Schau.
Nun, Gott sei, der im Schmettern der Wetterwolken wohnt,
Gelobt, daß er mit Wettern hat diesen Gau verschont,
Die Sicheln hör' ich klingen, so freudig ist der Klang:
Darüber soll sich schwingen zum Himmel mein Gesang.

Ihr Menschen, die ihr erntet, und dazu schweiget noch,
Ich denke, daß ihr lerntet den Werth der Halme doch!
Ihr aber seid vom Qualme der Noth noch so erstickt,
Daß ihr zum Schnitt der Halme kein Lied zum Himmel schickt.
Ja laßt die Zunge schweigen, daß sie die Hand nicht stört;
Ich will für euch den Reigen anstimmen, daß ihr's hört.
O leset von dem Grunde die einzeln Hälmlein auf,
Und traget sie zu Bunde und traget sie zu Hauf!
Nun sind so nah' die Garben den Scheuern, körnerschwer;
Und die bis jetzt nicht starben, die sterben jetzt nicht mehr.
Laßt von des Grams Beschwerden aufathmen nur die Brust.
Ihr werdet satt nun werden, und satt werd' ich vor Lust.
Gott, dessen Gnadenleuchte am Himmel wieder wacht,
Gott, der den Hunger scheuchte durch seine Segensmacht,
Er möge nur die Seuchen, die mit dem gift'gen Hauch
Her hinterm Hunger keuchen, nun gnädig scheuchen auch;
Daß auf dem Erdenkreise nun wieder Leben sei,
Und wenn ich ihn durchreise, ich mich kann freu'n babei.
Ich hab' an diesen Orten die Ernte nun geseh'n,
Nun muß ich da und dorten sie auch zu sehen geh'n.
Die vollen Garben nicken, ihr habet jetzt genug;
So darf ich denn wohl picken ein Körnlein auch im Flug.
Wollt es mir nicht versagen zu meines Singens Lohn!
Ich will's zum Opfer tragen hinauf an Gottes Thron.

Rückert.

115. Drescherlied.

Klip und klap!
Dreschet auf und ab!
Hoch gehäuft zum Dache
Liegt das Korn im Fache;
Und ein Schober steht
Vor der Scheun' erhöht.

Klip und klap!
Dreschet auf und ab!
Weizen, Gerst' und Roggen
Stand in langen Hocken;
Daß die Achse fast
Brach von Segenslast.

Klip und klap!
Dreschet auf und ab!
Unsre Händ' erstreben
Menschenkraft und Leben;
Daß von Freude satt
Jauchze Dorf und Stadt.

Klip und klap!
Dreschet auf und ab!
Von der Worfeldiele
Eilt das Korn zur Mühle;
Lustig huckepack
Eilet Sack auf Sack.

Klip und klap!
Dreschet auf und ab!
Wiehert, Roß' im Stalle!
Hier ist Korn für alle!
Fetter Haber sei
Dank für eure Treu'!

Klip und klap!
Dreschet auf und ab!
Ihr, für Milch und Butter,
Schwelgt, ihr Küh', im Futter!
Wiederkäut, und froh
Brummt im warmen Stroh!

Klip und klap!
Dreschet auf und ab!
Sperling, Kräh' und Henne,
Hüpft getrost zur Tenne!
G'nug hat Gott beschert,
Der die Vögel nährt!

Voß.

116. Wie das Finklein den Bauer in der Scheune besucht.

„Bäuerlein, Bäuerlein, tick, tick, tack,
Hast einen großen Habersack,
Hast viel Weizen und viel Kern,
Bäuerlein, hab' dich gar zu gern!

Bäuerlein, Bäuerlein, tick, tick, tack,
Komm' zu dir mit Sack und Pack,
Komm' zu dir nur, daß ich lern',
Wie man ausbrischt Korn und Kern!

Bäuerlein, Bäuerlein, tick, tick, tack,
Ei wie ist denn der Geschmack
Von dem Korn und von dem Kern,
Daß ich's unterscheiden lern'?"

Bäuerlein, Bäuerlein spricht und lacht:
„Finklein, nimm dich nur in Acht,
Daß ich, wenn ich dresch' und klopf',
Dich nicht treff' auf deinen Kopf!

Komm' herein und such' und lug',
Bis du satt hast und genug;
Daß du nicht mehr hungrig bist,
Wenn das Korn gedroschen ist."

Fr. Güll.
(Aus den Kinderliedern.)

VI.

Hausthiere.

117. Die Hausthiere.

Als Adam nach dem Sündenfall
   Sein Schicksal überdachte,
Wohin Verführung, Lüsternheit,
Mißtrauen und Unfolgsamkeit
   Durch eig'ne Schuld ihn brachte;

Ging er, gebeugt, mit trübem Sinn,
   Umher im weiten Felde;
Da wuchs kein Korn, kein Hälmchen stand,
Nur Dorn und Disteln trug das Land,
   Und Hederich und Melde.

„Wer zieht mir nun den schweren Pflug?
   Wer eggt den Acker eben?
Wer bringt die Steine wohl heraus?
Und haben wir auch Brod im Haus,
   Wer wird uns Zukost geben?"

Da wieherte das Pferd ihm zu:
    Was quält er sich mit Sorgen?
Herr Adam, ich steh' ja bereit,
Zum Reiten, Fahren, weit und breit,
    Will seinem Wink gehorchen.

Der Ochse brüllt: Gott grüß' ihn schön,
    Herr Adam, keine Grillen!
Mit harter Stirn' zieh' ich den Pflug,
Bald gibt der Acker Brods genug,
    Den Hunger ihm zu stillen.

Und ich, brummt auch die Kuh darein,
    Ich will mit Milch ihn laben;
Und hält er seine Frau hübsch an,
Die Käs' und Butter machen kann,
    So wird er vollauf haben.

Der Esel kam dazu und schrie:
    Hat er noch keinen Wagen,
Herr Adam, steh' ich zu Befehl
Und will ich gern sein Korn und Mehl
    Auf meinem Rücken tragen.

Das Schaf blökt': Ist es ihm zu kalt,
    Laß er die Frau sich rühren,
Aus meiner Wolle Fäden dreh'n
Und ihm ein Wams zusammen näh'n,
    Da wird er nicht erfrieren.

Drauf grunzte auch das fette Schwein:
    Will er des Sonntags Braten,
So schlacht' er mich nur immerhin;
Das Leben ist mir kein Gewinn
    Aus Mangel guter Thaten.

Sollt' er vielleicht auch ein Gelüst
  Nach Eierkuchen haben,
Herr Adam? gackerte das Huhn,
Und legt' ihm, ungebeten, nun
  Ein Ei zu diesen Gaben.

Der Hund umschwänzelt ihn und bellt:
  Daß er des Nachts im Bette
Sammt seiner Frau sanft ruhe aus,
Bewach' ich treulich Hof und Haus,
  Verbitte nur die Kette.

Miau, maut auch die Katze noch;
  Die vielen schönen Sachen,
Herr Adam, will ich mir zum Spaß
Vor Ratten= und vor Mäusefraß
  Bei Tag und Nacht bewachen.

In Gnaden und mit schönem Dank
  Nahm Adam das Versprechen
Der Thiere ihm zu dienen an,
Und er verhieß als Ehrenmann
  Dem lieben Vieh dagegen:

Daß er es, als ein guter Herr,
  Auch wohl versorgen wolle;
Daß jedes kriege, was ihm recht,
Und weder Kind, noch Magd, noch Knecht
  Sein Hausvieh quälen solle.

                          R. Z. Becker.

118. Das Pferd.

Dieses scheint vor allen Thieren einen Vorzug fast zu haben,
Da es meist in allen Ständen, selber vom Monarchen an
Bis zum Bauren, dient und nützt und man seiner vielen Gaben
Nicht im Frieden, nicht im Kriege, nirgend fast entbehren kann.
Dieses Thier ist, uns zu helfen, Lasten für uns aufzuheben,
Zu der Handlung, zu den Reisen ist es brauchbar, und das Feld
Wird, zusammt der Jägerei, nur durch Pferde wohlbestellt;
Zur Parade, zu den Posten. Ja, wer wird die Dienste nennen,
Die wir, so zum Nutz als Schutz, durch dies Thier erhalten können?
Wenn man seinen Wuchs betrachtet, wenn man seinen Muth erwägt,
Scheint in abliger Gestalt auch ein Geist darin gelegt,
Der für Pracht und Ruhm empfindlich; welches an den andern
            Thieren,
Wenigstens in solchem Maße und so deutlich, nicht zu spüren.
Wenn wir nun sowohl von außen seinen Anstand, der so schön,
Als der Glieder Symmetrie, ernstlich und bedachtsam seh'n,
Wenn wir, daß sein frecher Geist doch sich zähmen läßt, betrachten,
Wenn wir auf den vielen Nutzen, den dies Thier uns bringet, achten,
Sollten wir denn nicht den Schöpfer zu bewundern Ursach' finden?
Sollten wir nicht auch bei Pferden denken, Lust und Dank verbinden?
Sollten wir darin nicht Weisheit, Macht und Liebesspuren seh'n
Und die Weisheit, Macht und Liebe durch Bewund'rung nicht
            erhöh'n?

Brockes.

119. Des alten Pachters Morgengruß
an seine alte Stute Grethe, als er ihr die gewöhnliche Kornricke zum
Neujahrsgeschenke brachte.

Zum Neujahr wünsch' ich dir viel Glück,
Mein Thier, hier hast du deine Rick'!
Zwar bist du spathig, lahm und wirsch,
    Doch war ein Tag,
Da sprangst du wie ein junger Hirsch
    Flink über'n Hag.

Jetzt bist du schläfrig, matt und greis,
Und dein alt Fell wie Maslieb weiß;
Doch warst du scheckig, schmuck und glatt,
    Ein netter Grauer;
Wer einmal Tags gespornt dich hat,
    Dem wurd' es sauer.

Du warst ein Pferd vom ersten Rang,
Stark, kräftig, wohlgebaut und schlank;
Kein beff'rer Schenkel konnte traben
    Auf Straß' und Rain;
Du flogest über jeden Graben
    Wie'n Vögelein.

'S ist neunundzwanzig Jahr nun her,
Da warst du meines Schwähers Mähr;
Er gab mir dich zum Brautschatz drein
    Von funfzig Mark;
'S war wenig, doch mit Ehren sein,
    Und du warst stark.

Als ich zuerst um Hannchen freit',
Liefst du noch an der Mutter Seit',
Zwar eine neckische, schlaue Brut,
   Doch niemals zerrisch;
Viel eher ruhig, zahm und gut
   Und pudelnärrisch.

Wie stattlich ging den Tag dein Schritt,
Als meine holde Braut dich ritt,
Die gar so lieb und ungeziert
   Zu Pferde war!
Ganz Kyle hab' ich umsonst durchspürt
   Nach solchem Paar.

Zwar humpelst jetzt du nur mit Noth
Und wackelst wie ein Salmenboot;
Den Tag warst du ein edles Thier,
   Voll Lust und Leben,
Und ließ'st die andern hinter dir
   Keuchen und beben.

Als wir noch Beide stark und jung,
Und Markttags säumt' die Fütterung,
Wie bäumt'st du dich und wiehert'st dann
   Durch alle Straßen!
Die Städter wagten sich nicht 'ran,
   Du schienst zu rasen.

Warst du gefüttert und ich voll,
Dann ging's nach Haus wie blind und toll;
Bei Hochzeitrennen um den Kranz
   Gab's keinen Gleichen.
Wo du warst, mußte jeder Schwanz
   Besiegt dir weichen.

Der Jäger kreuzgebroch'ne Fliegen —
Auf Kurzbahn mögen sie wohl siegen;
Doch auf sechs Meilen nimmst du's auf
    Und läßt sie keuchen,
Und brauchst nicht Peitsch' und Sporn zum Lauf,
    Schon Gerten reichen.

Als Handpferd warst du auch so brav,
Wie jemals eins im Zug ich traf:
Oft haben wir im März vergnügt,
    Wenn's grad d'ran lag,
Sechs Ruthen eines Weg's gepflügt
    Manch' lieben Tag.

Nie sprangst und schlugst und bäumt'st du, nein,
Du zogst den Schweif gar trotzig ein
Und warfst dich in die volle Brust
    Mit aller Macht,
Bis überstürzt' die böse Krust'
    Und ächzend kracht.

Hielt Frost und Schnee sich lang, und schien
Die Arbeit sich hinauszuzieh'n,
Dann gab ich dir manch' schmal Gericht
    In deine Krippe;
Denn du, das wußt' ich, schliefst drum nicht
    Und hingst die Lippe.

Am Wagen ruht'st du nie im Lauf,
Die steilsten Hügel ging's hinauf;
Auch sprangst und rannt'st du nicht, um dann
    Lang zu verschnaufen;
Nein, stetig ging dein Schritt hinan
    In gleichem Laufen.

Nun stammt von dir mein ganz Gespann,
Vier schmucke Thier', wie's geben kann;
Und sechs hab' ich verkauft, die du
   Mit Milch genährt,
Für dreizehn Pfund und 'was dazu
   Das schlechtste Pferd.

Manch' Tagwerk haben wir bestellt
Im Kampfe mit der argen Welt!
Manch' schlimmen Tag dacht' ich, wir wären
   Verloren nun;
Doch wurden drum wir alt mit Ehren
   Und voll die Truh'n.

Denk' nicht, mein altes treues Thier,
Jetzt, seit du minder nützlich mir,
Der Hunger ende wohl dein Alter;
   Nein, volles Maß
Bewahr ich dir vom letzten Malter,
   Bis ich erblass'.

Wir war'n uns treu in jungen Jahren,
Wir wollen's auch mit grauen Haaren;
Und sorglich will ich deinen Strick
   Im Geheg anbinden,
Da füll' den Wanst dir budelbick,
   's ist leicht zu finden.

Robert Burns.

120. Lob des Pferdes.
(Der Jagdritt des Amrilkais.)

....

Früh ritt ich, als die Vögel noch in den Nestern lagen,
Auf einem Langgestreckten, der Flücht'ges kann erjagen,

Der vordringt und zurückspringt, anrennt und umrennt wieder,
Als wie ein Gießbach rollet vom Berg den Felsblock nieder;

Von dessen glattem Rücken die Satteldecke gleitet,
Wie von der Steinwand glitschet, wer an ihr niederschreitet;

Der schmächtig ist, doch brauset vor Wuth, und also schnaubet,
Daß man des Kessels Brausen im Sud zu hören glaubet.

Er macht von seiner Kruppe den leichten Reiter fliegen,
Und dem das Kleid entfallen, der fester aufgestiegen.

Er wirbelt wie der Kreisel, gedreht von einem Knaben,
Deß beide Händ' ihm folgen, und an der Schnur ihn haben.

Er hat des Straußes Läufe und eines Hirsches Kroppe,
Ein alter Wolf im Strecklauf, ein Füchslein im Galoppe.

Vollschenklig; wenn von hinten du ihn betrachtest, leget
Grad in den Spalt ein Schweif sich, der nicht den Boden feget.

Auf seinem Buge scheinet zu liegen allenthalben
Der glatte Stein, auf welchem die Bräute reiben Salben.

Da stieß uns auf ein Rudel, als wären seine Geisen
Jungfrau'n, Betumgang haltend, im Schleppgewand, dem weißen;

Die da zurück sich schoben, wie eine Schnur Korallen
Am Hals des eblen Knaben, des ahnenreichen, wallen.

Er aber trug den Führern des Zug's mich zu, vorüber
Den hintersten der Heerde, die drunter ging und drüber;

Wo einen er der Böcke zugleich und eine Geiß'
Zum Schusse bracht', und drüber vergoß kein Tröpfchen Schweiß.

Da rüsteten die Köche das Fleisch; das briet zum Theile
Auf glüh'ndem Stein, weil and'res im Topf sott in der Eile.

Da staunten alle Blicke, als Abends heim wir ritten,
Die meinen Hengst erklommen, und an ihm niederglitten.

Das Blut der Rudelführer an seinen Schläfen war
Zu seh'n wie Hennafärbung an eines Greisen Haar.

Er aber blieb die Nacht durch, mit Sattel und mit Zaum,
Vor meinen Augen stehend, nicht schweift' er um im Raum.

Amrilkais durch Rückert.

121. Das Rindvieh.

Nun ist nöthig, wie Erwägung, auch das Rindvieh zu beseh'n,
Welches ohne Preis und Dank unsers Schöpfers nicht gescheh'n
Noch betrachtet werden sollte; weil es recht insonderheit
Uns zu dienen und zu nähren fast vor allem Vieh bereit
Und uns zugegeben scheinet. Nach der Ordnung theilt man sie
(Außer wilden Auren, Büffeln) ein in Ochsen, Kälber, Küh'.

Daß so groß und starken Thieren ein so sanft und zahmer Geist
Uns zum Besten eingeflößt; daß sie nicht den Menschen scheuen,
Wie die Thiere, welche schädlich; sondern gleichsam sein sich freuen,
Und gesellig bei uns bleiben: dieses offenbart und weist
Mehr, als man es leider achtet, eine Vorsicht. Sie zu zähmen
Würd' uns sonst unmöglich fallen, da sie sich von selbst bequemen,
Und uns todt und lebend dienen. Sie gebrauchen schlechtes Futter,
Das von selbst im Sommer wächst, sonder Arbeit, ohne Müh',
Und, im Winter dürr, sie nähret, da sie uns doch Milch und Butter,
Käs' und Rahm in Menge geben. Man sieht Ochsen pflügen, zieh'n,
Und da sie die Erde bauen, sich allein für uns bemüh'n,
Da sie uns zur Düngung noch auch den fetten Mist gewähren,
Bis sie, wenn wir sie nun schlachten, selbst mit ihrem Fleisch uns nähren;
Welches fast von allen Speisen am gesündesten wird geschätzt,
Da es, außer daß es nahrsam, im Geschmack uns so ergötzt,
Daß man's täglich essen kann, denn es wird uns nie zuwider;
Und daß es auf viele Weise uns noch könne nützlich sein,
Auch dabei sehr lange währen, räuchert man es, salzt es ein.
Ja man braucht von diesen Thieren uns zum Nutzen alle Glieder,
Aus den Hörnern macht man Kämme, Pulverflaschen, Messerheften,
Löffel, Dosen, Schreibzeug, Büchslein, zu so mancherlei Geschäften;
Zu Tabak und andern Dingen, Knöpfen und Laternenscheiben,
Pfeifen, Röhren, daß von allen kaum die Menge zu beschreiben.
Aus den Knochen gleicherweise, woraus man noch überdem
Das beliebte Beinschwarz bringt, das den Malern so bequem.
Aus den Knorpeln und den Nerven wird der zähe Leim gemacht,
Was wird nicht aus ihren Häuten für ein Nutz herausgebracht?
Aus dem Unschlitt macht man Lichter und auch Seife. Ja das Haar
Dienet nicht den Gerbern nur, nein, zur Düngung auch sogar.
Nichts ist besser, als das Mark, für geschwächte Nerv' und Sehnen,
Sie zur Schmeidigkeit zu bringen, und sie wieder auszudehnen.
Ist denn für so vieles Gute, das uns Gott durch sie beschert,
Der, so sie für uns erschaffen, keines Dank's und Lobes werth?

Brockes.

122. Nachsicht.

Von einer Milchkuh' nimmt man einen Stoß nicht übel,
Wenn nur darüber aus der Hand nicht fällt der Kübel.

Rückert.

---

123. Die Heerde im Walde.

Wo hundertjähr'ge Eichen
Verschränken Ast mit Ast,
Und sich die Zweige reichen
Zum grünen Waldpalast;
Dort, wo aus üpp'gen Wiesen
Die Eichel keimend bringt,
Und an dem Fuß des Riesen
Der Sproß hervor sich ringt —

Dort ruht im schwarzen Bette
Ein stiller klarer Teich,
Auf dessen Spiegelglätte
Sich wiegt ein Nebel weich.
Die wilden Enten schwingen
Laut schreiend sich empor,
Die schnarr'nden Dommeln singen
Nur heimlich noch im Rohr.

Und durch die Eichenstämme
Zieht eine Heerd' einher,
Sie lenket nach der Schwemme
Die Tritte träg und schwer,
Des Stieres Knie umspülen
Die Wellen klar und rein;
Er schlürft die schattenkühlen
In langen Zügen ein.

Die schönen wähl'gen Thiere,
Wie weiden sie allein?
Nicht ferne pflegt vom Stiere
Der Hirte sonst zu sein.
Bald ist es Zeit zu kehren,
Es dunkelt schon gemach:
Die Hirtin läuft nach Beeren,
Der Hirt der Hirtin nach.

v. Gaudy.

124. Hirtenlied.

Des Morgens in der Frühe,
Da treiben wir die Kühe
Auf Wies' und Au,
Des Morgens in der Frühe,
Wann summend aus den Zellen
Die Bien' in's Freie fliegt,
Und auf den Aehrenwellen
Das Morgenroth sich wiegt.
Ha hi, ha hi, ha hih!

Des Morgens in der Frühe
Vergißt man Sorg' und Mühe
Auf Wies' und Au,
Des Morgens in der Frühe,
Wann Lerch' und Amsel singen
In Luft und Busch gar schön,
Und Glöcklein laut erklingen
Im Thal und auf den Höh'n.
Ha hi, ha hi, ha hih!

Des Morgens in der Frühe
Kommt her von Alp' und Flühe
Auf Wies' und Au!
Des Morgens in der Frühe,
Wenn man im Lindenschatten,
Wie wir, behaglich ruht;
Kommt her auf diese Matten!
Hier lebt es sich gar gut.
Ha hi, ha hi, ha hih!

Hoffmann von Fallersleben.

125. Die Alpen.

So bald der rauhe Nord der Lüfte Reich verlieret,
Und ein belebter Saft in alle Wesen bringt,
Wann sich der Erde Schooß mit neuem Schmucke zieret,
Den ihr ein holder West auf lauen Flügeln bringt;
So bald flieht auch das Volk aus den verhaßten Gründen,
Woraus noch kaum der Schnee mit trüben Strömen fließt,
Und eilt den Alpen zu, das erste Gras zu finden,
Wo kaum noch durch das Eis der Kräuter Spitze sprießt:

Das Vieh verläßt den Stall, und grüßt den Berg mit Freuden,
Den Frühling und Natur zu seinem Nutzen kleiden.

Wenn kaum die Lerchen noch den frühen Tag begrüßen,
Und uns das Licht der Welt die ersten Blicke gibt,
Entreißt der Hirt sich schon aus seiner Liebsten Küssen,
Die seines Abschieds Zeit zwar haßt, doch nicht verschiebt:
Dort bringt ein träger Schwarm von schwerbeleibten Kühen,
Mit freudigem Gebrüll, sich im bethauten Steg:
Sie irren langsam hin, wo Klee und Muttern blühen,
Und mäh'n das zarte Gras mit scharfen Zungen weg:
Er aber setzet sich bei einem Wasserfalle,
Und ruft mit seinem Horn dem lauten Wiederhalle.

Wann der entfernte Strahl die Schatten dann verlängert,
Und nun das müde Licht sich senkt in kühle Ruh',
So eilt die satte Schaar, von Ueberfluß geschwängert,
Mit schwärmendem Geblöck' gewohnten Ställen zu.
Die Hirtin grüßt den Mann, der sie mit Lust erblicket,
Der Kinder munter Schwarm frohlockt und spielt um ihn,
Und, ist der süße Schaum der Euter ausgedrücket,
So sitzt das frohe Paar zu schlichten Speisen hin.
Begierd' und Hunger würzt, was Einfalt zubereitet,
Bis Schlaf und Liebe sie umarmt in's Bett begleitet.

Wann von der Sonne Macht die Wiesen sich entzünden,
Und in dem falben Grgs des Volkes Hoffnung reift;
So eilt der muntre Hirt nach den bethauten Gründen,
Eh' noch Aurorens Gold der Berge Höh' durchstreift.
Aus ihrem holden Reich wird Flora nun verdränget,
Den Schmuck der Erde fällt der Sense krummer Lauf,
Ein lieblicher Geruch aus tausenden vermenget,
Steigt aus der bunten Reih' gehäufter Kräuter auf:
Der Ochsen schwerer Schritt führt ihre Winterspeise,
Und ein frohlockend Lied begleitet ihre Reise.

Bald, wann der trübe Herbst die falben Blätter pflücket,
Und sich die kühle Luft in graue Nebel hüllt,
So wird der Erde Schooß mit neuer Zier geschmücket,
An Pracht und Blumen arm, mit Nutzen angefüllt;
Des Frühlings Augenlust weicht nützlicherm Vergnügen,
Die Früchte funkeln da, wo vor die Blüthe stund;
Der Aepfel reifes Gold, durchstriemt mit Purpurzügen,
Beugt den gestützten Ast, und nähert sich dem Mund.
Der Birnen süß Geschlecht, die honigreiche Pflaume,
Reizt ihres Meisters Hand, und wartet an dem Baume.

Zwar hier bekränzt der Herbst die Hügel nicht mit Reben,
Man preßt kein gährend Naß gequetschten Beeren ab.
Die Erde hat zum Durst nur Brunnen hergegeben,
Und kein gekünstelt Sau'r beschleunigt unser Grab.
Beglückte klaget nicht; ihr wuchert im Verlieren,
Kein nöthiges Getränk, ein Gift verlieret ihr:
Die gütige Natur verbietet ihn den Thieren,
Der Mensch allein trinkt Wein, und wird dadurch ein Thier.
Für euch, o Selige! will das Verhängniß sorgen,
Es hat zum Untergang den Weg euch selbst verborgen.

Allein es ist auch hier der Herbst nicht leer an Schätzen,
Die List und Wachsamkeit auf hohen Bergen find't.
Eh' sich der Himmel zeigt, und sich die Nebel setzen,
Schallt schon des Jägers Horn, und weckt das Felsenkind;
Da setzt ein schüchtern Gems, beflügelt durch den Schrecken,
Durch den entfernten Raum gespaltner Felsen fort:
Dort eilt ein künstlich Blei nach schwer gehörnten Böcken,
Hier flieht ein leichtes Reh, es schwankt und sinket dort.
Der Hunde lauter Kampf, des Erzes tödtlich Knallen
Tönt durch das krumme Thal, und macht den Wald erschallen.

Indessen, daß der Frost sie nicht entblößt berücke,
So macht des Volkes Fleiß aus Milch der Alpen Mehl.
Hier wird auf strenger Gluth geschiedner Zieger dicke,
Und dort gerinnt die Milch und wird ein stehend Oel:
Hier preßt ein stark Gewicht den schweren Satz der Molke,
Dort trennt ein gährend Sau'r das Wasser und das Fett:
Hier kocht der zweite Raub der Milch dem armen Volke,
Dort bild't den neuen Käs ein rund geschnitten Brett.
Das ganze Haus greift an, und schämt sich leer zu stehen:
Kein Sclavenhandwerk ist so schwer, als müßig gehen.

Hat nun die müde Welt sich in den Frost begraben,
Die Berge, Thäler Eis, die Spitzen Schnee bedeckt,
Ruht das erschöpfte Feld nun aus für neue Gaben,
Weil ein krystallner Damm der Flüsse Lauf versteckt:
Dann zieht sich auch der Hirt in die beschneiten Hütten,
Wo fetter Fichten Dampf die dürren Balken schwärzt,
Hier zahlt die süße Ruh' die Müh', die er erlitten,
Der sorgenlose Tag wird freudig durchgescherzt,
Und wenn die Nachbarn sich zu seinem Herde setzen,
So weiß ihr klug Gespräch auch Weise zu ergötzen.

Der eine lehrt die Kunst, was uns die Wolken tragen,
Im Spiegel der Natur vernünftig vorzuseh'n,
Er kann der Winde Strich, den Lauf der Wetter sagen,
Und sieht in heller Luft den Sturm von weitem weh'n:
Er kennt die Kraft des Monds, die Wirkung seiner Farben,
Er weiß, was am Gebirg ein früher Nebel will:
Er zählt im Märzen schon der fernen Ernte Garben,
Und hält, wenn alles mäht, bei nahem Regen still;
Er ist des Dorfes Rath, sein Ausspruch macht sie sicher,
Und die Erfahrenheit dient ihm vor tausend Bücher. — —

v. Haller.

126. Der Sennerin Heimkehr.

Es blinken die Alpenzinnen
In Eis schon silbern ganz,
Der Herbst entlaubt im Thale
Der Bäume grünen Kranz.

Um's Dörflein dort am Hange
Grünt noch die Wiese fort,
Doch auf der Wiese die Blumen
Sind alle schon verdorrt.

Horch, was erklingt vom Berge
Wie voller Glockenklang?
Was tönt zum Thale nieder
Wie süßer Brautgesang?

Das ist mit ihrer Heerde
Die junge Sennerin,
Die von den Alpen nieder
Zur Heimath wallt dahin.

Die schönste ihrer Kühe
Mit hellem Glockenlaut,
Geschmückt mit frischem Kranze
Wallt vorn, wie eine Braut.

Rings um sie hüpft so fröhlich
Die ganze Heerde drein,
Wie treue Jugendgenossen,
Die sich des Festtags freu'n.

Der schwarze Stier den Brautzug
Wohl als Prälate führt,
Er schreitet hin bedachtsam,
Wie's solchem Herrn gebührt.

Und vor dem ersten Hause
Jauchzt dreimal hell die Maid,
Daß laut es gellt durch's Dörflein,
Durch Thal und Alpen weit!

Die Mütterlein und Dirnen
Sind flink herbeigerannt,
Die Sennerin drückt allen
So warm und treu die Hand:

„Viel Grüße, schöne, frische,
Von grünen Alpenhöh'n!
Wie lange, ach wie lange,
Daß wir uns nicht geseh'n!

„Den ganzen langen Sommer,
Daß ich so ganz allein
Mit Heerden und mit Blümlein,
Mit Sonn' und Mondenschein!"

Sie grüßt die Bursche alle
Mit heitrem Angesicht,
Nur einen, und den schönsten,
Den grüßt sie eben nicht.

Nicht scheint es ihn zu grämen,
Und lächelnd läßt er's gescheh'n!
Er hat wohl auch die Schöne
So lange nicht geseh'n?

Er trägt ein grünes Hütlein
Und Alpenrosen d'rauf. —
Ei, solche Alpenröslein
Blüh'n sonst im Thal nicht auf.

A. Grün.

127. Das Schaf.

Von allen Thieren in dem Thierreich wird fast kein einziges gefunden,
In welchem, zu des Menschen Besten, so gar viel Nützliches verbunden,
Als in den sanft und frommen Schafen. Es nützt von dem, was an ihm ist,
Ein jedes Glied und alle Theile: das Fleisch, die Milch, die Haut, die Klauen,
Die Wolle, die Gedärme, Knochen, die Hörner, ja sogar der Mist.
Es speist und tränket uns das Schaf, es kleidet uns. Die Länder bauen,
Verspüren durch dies holde Thier, zumal durch seine Fruchtbarkeit,
Verschiednen Segen, werden reich, und auf verschiedne Art erfreut.
Es zeigt die alt' und neue Zeit, wie mancher Nutz aus Schafen sprieße,
Und scheint daher das Sprichwort wahr: es hab' ein Schäfchen gülbne Füße.
Ja, wenn ich es recht überlege, so scheint an diesem Thier allein
Sein Körperlichs nicht nur zu Nutzen, es scheint sogar des Geistes Wesen
Zu einem Sinnbild holder Sanftmuth und der Gebuld für uns erlesen,
Und dies Thier ein belehrend Thier, ein Bild der Frömmigkeit, zu sein.

Wer etwa meint, dies sei zu viel, der darf nur Hirtenlieder lesen;
Man wird befinden, daß sogar durch Bilder von der Schäferei
Man froh und gleichsam ruhig werde, und inniglich gerühret sei.
So laßt uns denn in diesem Thier des Schöpfers Huld besonders
sehen,
Ihm danken, und in unsrer Lust des Gebers Lieb und Macht erhöhen!

Brockes.

128. Der Tod und die letzten Worte der armen (Schaf-) Mutter Mailie.

Eine sehr traurige Erzählung.

Als Mailie eines Tags im Dämmern
Am Stricke grast' mit ihren Lämmern,
Verwickelt' sie sich in den Strick
Und stürzt' und brach sich das Genick;
Und ächzend sterbend lag sie da,
Als Huchhoc kam und all' dies sah.
Mit stierem Aug', erhobner Hand,
Wie eine Statue Huchhoc stand;
Er sah', 's war aus mit ihrem Leben,
Und Hilfe konnt' er ihr nicht geben;
Mit offnem Munde sprach er nicht, —
Bis Mailie dann das Schweigen bricht:

„O du, deß klägliches Gesicht
Für meine Leiden Mitleid spricht,
Hör' aufmerksam mein letztes Wort
Und bring' es meinem Herrn sofort,
Sag' ihm, wenn wieder Geld er zielt
Und er auf's Neue Schafe hielt',

So möcht er sie doch mit den Stricken
Aus Hanf und Haar nicht mehr so drücken,
Und sie im Busch und auf den Höh'n
Nach ihrem Willen lassen geh'n:
Dann wächst die Heerde dutzendweis
Und Ballen Wolle sind sein Preis.

Sag', daß ein guter Herr er mir
Und all' den Meinen für und für,
Und daß ich sterbend noch ihn flehe,
Daß er nach meinen Lämmern sehe.
Vor Metzger, Fuchs und Hundeschaaren
Soll er ihr harmlos Leben wahren,
Und Kuhmilch ihnen auch gewähren,
Bis sie so weit, sich selbst zu nähren;
Und früh und spät sie treulich hegen
Und sie mit Korn und Heu verpflegen.

Sie mögen nie sich so geberden,
Wie schlechte Schaf' in andern Heerden,
Die durch die Hecken schlüpfen wohl
Und Erbsen mausen oder Kohl!
Wie ihre Ahnen seh'n die Frommen
Manch Jahr dann noch den Scheermann kommen;
Die Frauen geben ihnen Brod,
Und Kinder weinen, wenn sie todt.

Mein Böckchen, meinen Sohn und Erben —
Er zieh' ihn auf, denn ich muß sterben;
Und wenn er ausgewachsen dann
Leit' er zu guter Sitt' ihn an
Und warn' ihn, daß er sich begnüge
Und seine Schafe nur vergnüge,
Und nicht die Klauen ab sich laufe,
Wie wohl der große, schlechte Haufe.

Und du mein Lämmchen, armes Ding —
Bewahr' dich Gott vor Lein' und Schling'!
Nie lasse dich, so hübsch und fein,
Mit einem Moorlandswidder ein,
Und Schafen nur gesell' dich zu,
Die guten Rufes sind wie du.

Und, Kinder, nun lebt wohl! Mein Segen
Begleit' euch Beid' auf euren Wegen;
Und wenn ihr eurer Mutter denkt,
Mit Lieb' auch an einander hängt!

Nun, guter Huchhoc, magst du geh'n!
Sag' meinem Herrn, was hier gescheh'n,
Und er verbrenn' den bösen Strang,
Und mein Geschwätz lohn' deinen Gang!"
Drauf wandte Mailie sich herum
Und schloß ihr Auge todt und stumm.

Robert Burns.

129. Hirtenlied.

Ach, wie so sanft ruh' ich hie
Bei meinem Vieh!
Da schlaf ich süß im Moos,
Dem Glücke in dem Schoos,
Ganz sorgenlos.
Wenn ich die prächtigen Schlösser beschau',
Sind sie gegen mir,
So zu sagen, schier
Ein kühler Thau.

Kommt dann das Morgenroth,
So lob' ich Gott;
Dann mit der Feldschalmei
Ruf' ich das Lämmergeschrei
Ganz nahe herbei:
Da ist kein Seufzer, kein trauriger Ton;
Denn die Morgenstund
Führet Gold im Mund,
Baut mir einen Thron.

Kommt dann die Mittagszeit,
Bin ich voller Freud'.
Da grast das liebe Vieh,
Geis, Lämmer, Schaf' und Küh',
Auf grüner Haid.
Setz mich in Schatten hin, esse mein Brod;
Bei meinem Hirtenstab,
Schwör' ich, daß ich hab'
Niemals eine Noth.

Endlich seh' ich von fern
Den Abendstern;
Dort brauß' am Wasserfall
Schlaget die Nachtigall,
Gibt Widerhall.
Freiheit in Armuth gibt Reichthum und Sieg;
Allem Pomp und Pracht
Sag' ich gute Nacht,
Und bleib ein Hirt.

Volkslied.

130. Das Schwein.

Nun wird auch zu gleicher Absicht das so zahm' als wilde Schwein,
Ein dem Menschen nützlich's Thier, billig zu betrachten sein.
Es hat eine spitze Schnauze, kurzen Hals, gespalt'ne Klauen,
Einen Rüssel, nied're Beine, starke Borsten, dicke Haut,
Waffen, womit oft die wilden sonderlich gewaltig hauen.
Es ist leicht zu unterhalten. Alles frißt es, Früchte, Kraut,
Eicheln, Büchen, Spülicht, Bohnen, Wurzeln, Treber, ja was man
In der Wirthschaft von dem Abfall sonst fast gar nicht brauchen kann.
Es ist dieses Thier so fruchtbar, daß es oft in einem Jahr
Zweimal ferkelt, und zur Zeit wohl auf achtzehn Junge bringet,
Wodurch denn in unsrer Wirthschaft mannigfacher Nutz entspringet.
Speck und Fleisch, der Kopf, die Ohren, Würste, Schinken, roh und
gar,
Auch der Rüssel, Zungen, Füße liefern uns manch' schön Gericht;
Und es fehlt in Arzeneien auch an manchem Nutzen nicht.
Haut und Borsten dienen uns, ja was geben uns im Jagen
Auch die wilden Schweine nicht für Ergötzen und Behagen!
So gestehe dann ein jeder, voll Erkenntlichkeit, mit mir,
So von wild als zahmen Schweinen, es sei ein sehr nutzbar Thier,
Und erheb' und ehr und preise den, der sie uns schenkt, dafür!

Brockes.

131. Die Ziegen.

Zu dieser Art gehören noch, die auch betrachtungswerthen Ziegen.
Wie mancherlei Bequemlichkeit, Trank, Nahrung, Nutzen und Vergnügen
Verschaffet uns auch dieses Thier, durch Fleisch, Milch, Käse, Fell und Haar!
Das Haar wird Kissen auszustopfen, zu Filzen und verschied'nen Zeugen,
Zu Stricken gleichfalls oft genutzt, nebst andern Dingen, auch sogar
Zu den Parucken mit verbraucht. Dann ist der Nutz nicht zu verschweigen,
Den uns die Fell' im Corduan und Pergament, ingleichen auch
Im Handschuh, Gürteln, Nesteln, Säckeln und mancher Art von Kleidung reichen.
Die Milch dient, außer ihrer Nahrung, zu einem heilsamen Gebrauch
In magrer Schwind= und Lungensucht, sie ist ein Mittel sonder Gleichen.
Die Käse sind gesund und nahrsam; auch ist die Butter sonderlich
Zu Salben und zur Heilung gut. Nicht weniger curirt man sich
Im Scharbock durch die Ziegenmolken. Das Horn, wenn's auf dem Feuer raucht,
Wird in der Pest und andern Seuchen mit vieler Nutzbarkeit gebraucht.
Wenn nun bei allem auch das Fleisch uns auf verschied'ne Weise nähret,
Und es dennoch mit wenig Kosten und schlechtem Futter zu erhalten:
So wird mit Recht auch Gott gedankt, sowohl von Jungen als von Alten,
Daß er uns in den magern Ziegen ein solches nützlich's Thier bescheret.

Brockes.

132. Das Geflügel.

Wer einen Hof voll Federvieh
Mit aufgeräumt betrachtendem Gemüth
Und aufgeklärten Sinnen sieht,
Ergötzet sich mit Recht, erstaunt, bewundert sie.

Wie lebhaft, angenehm und niedlich
Ist das Gewühl der Hühner! wie verschieblich
Ist ihre Farb' und Form! wie fröhlich ihr Geschrei!
Wie emsig all ihr Thun! wie kräftig wohnt der Hahn
Bald der, bald jenen Hennen bei!
Ist er nicht gleichsam angethan
Mit einem Helm, mit Spornen an den Beinen?
Wie muthig sträubt er sich, wann etwa ein Cumpan
Mit seiner Weiber Schaar sich suchet zu vereinen!
Da er die Flügel schlägt, und sich zum Kampfe rüstet.

Die welschen Hühner ebenfalls
Sind schön, sind trefflich schön. Man seh' den Hals
Vom welschen Hahn nur an, wann er erhitzt sich brüstet.
Wie feurig ist das Roth, wie ist sein Kropf so bläulich,
Wie ist sein Zorn, der in den Augen flammt,
Zugleich so lächerlich und gräulich!
Die Federn sind als wie ein schwarzer Sammt,
An welchem wir ein Weiß an allen Ecken,
Als wären sie mit Silber eingefaßt,
Nicht ohn' Verwunderung entdecken.

Wie artig ist das schnatternde Getön
Der Gäns' und Enten anzuhören,
Und ihre Bildung anzuseh'n!
Die uns nicht ohn' Erbauung lehren,
Wie alle Glieder sonderbar,
Um sich nach ihrer Art zu nähren,
Vom Schöpfer weislich zugericht.

Nicht minder gibt der muntern Tauben Schaar,
Wenn sie bald gehen und bald fliegen,
So dem Gehör, wie dem Gesicht
Ein angenehm, ein ungemein Vergnügen.
Mit Recht sieht Niemand sonder Lust
An ihrem Hals' und an der Brust
Den wandelbaren Glanz der glatten Federn schimmern.
Wie lieblich klingt ihr süßes Wimmern,
Ihr Girren, ihr Geklatsch, wann sie sich aufwärts heben,
Und bald in blauer Luft in großen Kreisen schweben,
Bald schnäbelnd, auf der Giebel Spitzen,
Verliebet bei einander sitzen!
Durch ihre mancherlei Figur
Wird man nicht nur,
Durch ihre Schönheit auch zum Herrn der Creatur
Geführt, geleitet und gewiesen.

Brockes.

133. Die brütende Henne.

Der höchsten Liebe Bild, die Henne sieh', die brütet,
Wie mit der Flügel Schild sie ihre Brut behütet.

Sie hat der Küchlein viel, doch jedes ist gezählt,
Und ruhig ist sie nicht, wenn ihr nur eines fehlt.

Versammeln unter sich wird sie den ganzen Haufen,
Wie weit auch sich von ihr die einzelnen verlaufen.

Wie angelegen läßt sie sich es sein, zu locken!
Kannst du, verlauf'ne Brut, dagegen dich verstocken?

Und lockt dich nicht herbei der Mutterliebe Schrei,
So schrecke dich von dort mit dem Gekreisch der Weih'.

Kriech unter, und du bist vor dem Gekreisch geborgen,
Und für dein Futter laß der Mutter Liebe sorgen.

Rückert.

VII.

Bienen und Seidenraupen.

134. An die Bienen.

Ihr Honigvögelein, die ihr von den Violen
Und Rosen abgemeyt den wundersüßen Saft,
Die ihr dem grünen Klee entzogen seine Kraft,
Die ihr das schöne Feld so oft und viel bestohlen,
Ihr Feldeinwohnerin, was wollet ihr doch holen,
Das, so euch noch zur Zeit hat wenig Nutz geschafft,
Weil ihr mit Dienstbarkeit des Menschen seid behaft,
Und ihnen mehrentheils das Honig müsset zahlen?
Kommt, kommt zu meinem Lieb, auf ihren Rosenmund,
Der mir mein krankes Herz hat inniglich verwund't,
Da sollt ihr Himmelsspeis' auch überflüssig brechen:
Wann aber jemand sie will setzen in Gefahr,
Und ihr ein Leid anthun, dem sollst du starke Schaar
Für Honig Galle sein, und ihn zu todte stechen.

M. Opitz.
(Poetische Wälder.)

135. Der Reichthum des Armen.

So sang ein armer Mann, deß einz'ger Reichthum lag
An seinem Bienenstand und seinem Taubenschlag:

Sie haben all' ihr Gut verzäunet und verschanzt,
Und was sie pflanzen d'rin, ist nicht für mich gepflanzt.

Ich darf und mag auch nicht durchbrechen ihren Zaun,
Und nüchtern ist die Lust, von außen drein zu schau'n.

Doch wenn ich selbst sie nicht beraube, so berauben
Nun meine Bienen sie für mich, und meine Tauben:

Die Tauben, hier und dort aufpickend Körnersaat,
Die Bienen, fort und fort eintragend Mundvorrath.

Die Tauben füttern mir ihr Junges aus dem Kropf,
Die Bienen füllen mir mit Fleiß den Honigtopf.

Wenn man vom Acker auch mir scheuchen will die Tauben,
So muß man freien Flug den Bienen doch erlauben.

Und wenn uns dann im Haus entgeht der fette Braten,
So werden wir doch nie der Süßigkeit entrathen.

Rückert.

136. Die Biene.

Biene, dich könnt' ich beneiden,
Könnte Neid im Frühling wachsen,
Wenn ich dich versunken sehe
Immer leiser, leiser summend
In dem rosenrothen Kelche
Einer jungen Apfelblüthe.
Als die Knospe wollte springen
Und verschämt es noch nicht wagte
In die helle Welt zu schauen,
Jetzo kamst du hergeflogen
Und ersaheſt dir die Knospe —
Und, noch eh' ein Strahl der Sonne
Und ein Flatterhauch des Zephyrs
Ihren Kelch berühren konnte,
Hingeſt du darin und sogeſt.
Sauge, sauge! — Schwer und müde
Fliegſt du heim nach deiner Zelle:
Haſt dein Tagewerk vollendet,
Haſt gesorgt auch für den Winter!

Wilhelm Müller.

137. Bienenlied.

(Fliegendes Blatt.)

Ein Lieblein will ich singen
Von Honigvögelein,
Die hin und her sich schwingen,
Wo bunte Blumen sein.
Das Völklein in dem Grünen,
Es schmauset auf der Weid';
Ich singe von den Bienen
Auf dieser freien Haid'.

Der Winter hält gefangen
Das zarte Jungfernvolk,
Biß daß der Schnee vergangen,
Frost, Schauer, Nebelwolk'.
Und wenn die Weste stimmen
Nach linder Lenzen Art,
So machen sich die Immen
Auf ihre Blumenfahrt.

Sie ziehen mit der Trummel,
Der Stachel weist das Schwert;
Ihr Brummel und Gehummel
Hat Niemand noch gefährd't.
Sie nehmen sonder Morden
Den zarten Blumenraub,
Und ihre Beut' ist worden
Der Baum und Blüthen Laub.

Wie sie die Wachsburg bauen
Aus gülb'nem Pergament,
Kann Niemand nicht beschauen;
Ja keines Künstlers Händ'
Hat man so sehr bewundert,
Die Zimmerchen so gleich,
Sechseckigt ist gesondert
Das Honigkönigreich.

Man sieht sie friedlich leben
Ohn' Eigennutz und Streit,
In steter Mühe weben
Zu Lenz und Winterzeit;
Sie pflegen einzutragen
Der Blumen Saft und Thau,
Und führen mit Behagen
Gesammt den Zuckerbau.

Volkslied.
(Aus des Knaben Wunderhorn.)

138. Bienenmorgen.

Die ersten Strahlen schienen auf's Bienenhaus,
Da flogen die erwachten Bienen in Schwärmen aus:
   „Trompetet hell und fahret,
   Gerüstet und geschaaret,
   Zur Arbeit und zum Schmaus!"
Erst ihre fleiß'gen Schaaren zählte die Königin,
Und merkte, daß ein Bienchen fehlte: „Wo ist es hin?
   Und hat es sich verschlafen,
   So treffen es die Strafen,
   So wahr ich Kön'gin bin."

Doch als sie fuhren auf den Wegen mit lautem Ton,
Kam ihnen, das gefehlet, entgegen, beladen schon,
  Mit gold'nem Wachs behoset,
  Mit Goldseim überroset,
  Durchleuchtet ganz davon.

„Wo hast du das schon aufgetrieben, wo hergebracht?"
„„„Und wißt ihr denn, wo ich geblieben heut über Nacht?
  Die Nacht mich überraschte,
  Wo ich in Blumen naschte,
  Da hab' ich denn gedacht:

Ich will im Kelch hier übernachten, nicht weit davon,
Und wenn die Andern dort nun erwachten, arbeit' ich schon.
  So fliegt nun hin, Gesellen!
  Ich eil' indeß zu stellen
  Mich vor der Kön'gin Thron."""

Fr. Rückert.

139. Die Biene und der Lenz.

Ziehst du dein goldnes Röckchen an?
Die goldnen Stiefel auch?
O Bienchen, Vöglein wohlgemuth,
Mit leichtem Sinn und leichtem Blut,
Was locket dich das Sonnenlicht?
Was lockt dich Blüthenhauch?

Was summst du lustig hin und her?
Hast nie des Spiels genug?

Der Lenz ist kurz, du süßes Kind!
Dich zieht der Strom, dich nimmt der Wind,
Dich bringet um den Blumenraub
Der Menschen List und Trug.

Wohl zieh' ich an den goldnen Rock,
Und kleid' in Gold den Fuß,
Leicht ist mein Blut und leicht mein Sinn,
In Freuden ich geboren bin;
Drum locket mich das Sonnenlicht
Und Blumenliebesgruß.

Der Lenz ist kurz, das Leben schnell,
Drum flieg' ich schnell dahin;
Mein Frühlingsschein, mein Blumenspiel,
In jedem Kelch mein Bettchen kühl
Auf jeder Flur mein Leben bunt —
D'rob trag' ich frohen Sinn.

O Bienchen, Vöglein wohlgemuth!
O süßes Frühlingskind!
Horch, horch wie klagt die Nachtigall
Im Erlenbusch mit Trauerschall!
Auch sie im Lenz geboren ist,
Doch nur auf Trauren sinnt.

Wohl höre ich die Nachtigall,
Ihr Klagen fromm und still;
Sie ist die schmerzenvolle Frau,
Ihr Trauerkleid ist dunkelgrau,
Doch sprich, warum ich trauren soll,
Weil sie nicht froh sein will?

Sieh her, wie bebet Strauch und Laub
Im jungen Sonnenschein!

Wie küssen sich die Blumen lieb!
Und locken: Kleiner Honigdieb,
Komm, sammle Blumenliebeskost!
Denn dieser Lenz ist dein.

O Vöglein! Vöglein wohlgemuth
Mit goldnem Flügelpaar!
O leichtes Leben frommer Brust!
Zieh' mich zum Lenz, zu seiner Lust,
Und mache mir mit Liebesglanz
Die trüben Augen klar.

E. M. Arndt.

140. Biene und Blume.

Auf der Wiese summen Bienen,
Sammeln süßen Honig ein;
Auf der Wiese, gleich Rubinen,
Locken holde Blümelein.

Mit den purpurrothen Lippen
Winkt im Gras der Thymian;
Süßigkeiten fortzunippen,
Klammert sich ein Bienchen dran.

Und sie trägt, was sie genommen,
Sich zu Haus als theuren Schatz.
Schnitter sind derweil gekommen,
Kahl und öde liegt der Platz.

Als das Bienchen wiederkehret,
Sucht vergebens sie den Mund,
Der ihr Süßigkeit bescheret;
Doch sie ahnt des Kummers Grund.

Und sie sticht, wie ihr's gegeben,
Tief den Bringer ihrer Noth;
Rächend ihrer Blume Leben
Stirbt sie treuen Liebestod.

Ernst.

141. Das Bienenhaus.

Im Garten ist es schwül und still,
Die Sonne brennt, 's ist Mittagszeit;
Kein Blättchen da sich regen will,
Kein Mensch zu sehen weit und breit.

Wo sind sie denn nur alle hin?
I nun, da hat es keine Noth,
Die Leute in den Häusern d'rin,
Die ruhen aus beim Mittagsbrod.

Und auch die Schwalbe unterm Dach,
Im Stall die Kuh, im Feld das Schaf,
Die Tauben auf dem Taubenschlag,
Hält Alles seinen Mittagsschlaf.

Wie still ringsum! — Nein! horch doch hin!
Dort um den Gartenzaun herum
Beim Hopfen, wo die Malven blühn,
Was ist das für ein leis' Gesumm?

Ja so! da steht das Bienenhaus.
Ei freilich, da geht's fleißig her! —
Ihr Bienlein, ruht ihr denn nicht aus?
Die Sonne sticht doch gar zu sehr?

Und immerfort hinein, hinaus!
Die sammeln Blüthenstaub sich ein,
Die andern machen Honig d'raus,
Die richten sich ihr Zellchen ein.

So geht es bis zum Abendroth,
Sie wissen nichts von Mittagsruh.
Ihr fleiß'gen Thierchen, grüß' euch Gott,
Wie seh' ich euch so gerne zu!

R. Reinick.

142. Das Räthsel.

Kennt ihr, vor Frost und Sonnenschein
Geschützt, ein Häuslein zart und klein,
Kennt ihr die wundervolle Stadt,
Die tausend solcher Häuser hat?
Sie ist mit Garnison besetzt,
Die täglich ihre Waffen wetzt;
Sonst treibt sie reich Gewerb, es blüh'n
Weit ihre reichen Colonien;
Douanen ein, Douanen aus,
Führt sie ihr süßes Gut nach Haus,

Und lehret uns, daß edle Triebe,
Daß stiller Fleiß und Ordnungsliebe,
Daß Treu' und Ehrfurcht vor dem Throne
Am liebsten unterm Strohdach wohne.

Hebel. (Bienenkorb.)

143. Stoffwechsel.

Es muß ein Maulbeerblatt den Fraß der Raupe leiden,
Daß es verwandelt sei aus schlechtem Laub in Seiden.

Rückert.

VIII.

Garten- und Obstbau.

144. Ueberschrift eines Gartens.

Gott erstlich, die Natur zum andern, und der Fleiß
Zum dritten, dieses bringt den Gärten ihren Preis.
Du aber, wann du siehst die zarten Blumen stehen,
Gedenke, daß wir auch bald blühen, bald vergehen.

M. Opitz. (Poetische Wälder.)

145. Der Gärtner.

Des Gärtners Leben ist ein heit'rer Gang
Durch der Natur lichthelle Räume;
Wie Aeolsharfen tönt ein Feensang
Vom kleinsten Kraut bis in die höchsten Bäume.
Dem Gärtner lebet, was uns leblos scheint;
Wir meinen, seine Pflanzung schweige?
Er weiß, was Jedes will und meint:
Er flößt Erquickung in die matten Zweige,
Er macht sie frei von üppiger Beschwerde,
Er lockert auf das weiche Bett der Erde,

Gönnt Sonne der, die sonnig leben will,
Er gönnt ihr Schatten, wenn sie matt und still
Nach Ruhe seufzt. — Die Grausamkeit ist ferne
Von seinem sanften Friedensamt;
Und weil das heil'ge Licht der Sterne
Bedeutungsvoll auf Blumen niederflammt,
Weil Mondesglanz, sein Kommen oder Gehen,
Voll Einfluß ist auf die geschmückte Flur,
Muß er auch auf den Himmel sich verstehen
Und wird ein Priester der Natur.
Glückfel'ger Stand, den er sich auserwählt:
Denn, wenn der Jäger arme Thiere quält,
Der Schäfer träumerisch in langer Weile
Und stetem Einerlei den Tag verlebt,
Der Ackersmann nur trockne Frucht erstrebt:
Dem Gärtner wird Lebendiges zu Theile,
Ihm blühen bunt Beruf und Pflicht;
Und wenn er sinnend nun ein Selam bricht,
So wird der Strauß den er gewunden
Wie Worte tief geachtet und empfunden,
Und seine Gab' ist ein Gedicht.
Ward er zum Greis', hängt ihm der Schnee der Haare
Auf bleiche Wangen fromm herab,
Da zieht er selbst den Kranz für seine Bahre,
Umpflanzt mit Sorgfalt sich sein Grab:
Ein Garten ist's, den er durch treue Pflege,
Durch still ergeb'nen Sinn geweiht,
Damit der Sohn, im grünen Gärtnerkleid,
Den Vater in die Sommer=Wohnung lege.
Und jede Blume, die da blüht,
Spricht dann zu fühlendem Gemüth:
Hier, wo sie mich erzogen haben,
Hier liegt ein guter Mann begraben.

v. Holtei.

146. Gartenfeinde.

Sprich, wie werd' ich die Sperlinge los? so sagte der Gärtner:
Und die Raupen dazu, ferner das Käfergeschlecht,
Maulwurf, Erdfloh, Wespe, die Würmer, das Teufelsgezüchte? —
„Laß sie nur Alle, so frißt Einer den Anderen auf."

Göthe.

147. Der Maulwurf.

Der Maulwurf ist nicht blind, gegeben hat ihm nur
Ein kleines Auge, wie er's brauchet, die Natur,

Mit welchem er wird sehn, soviel als er bedarf,
Im unterirdischen Palast, den er entwarf.

Und Staub in's Auge wird ihm desto minder fallen,
Wenn wühlend er emporwirft die gewölbten Hallen.

Den Regenwurm, den er mit andern Sinnen sucht,
Braucht er nicht zu erspähn, nicht schnell ist dessen Flucht.

Und wird in warmer Nacht er aus dem Boden steigen,
Auch seinem kleinen Stern wird sich der Himmel zeigen;

Und ohne daß er's weiß, nimmt er mit sich hinnieder
Auch einen Strahl und wühlt vergnügt im Dunklen wieder.

Rückert.

148. Segen der Obstbaumzucht.

Für Söhn' und Enkel Bäume zieh'n,
Damit sie Labung finden;
Mit menschenfreundlichem Bemüh'n
Das Wohl der Nachwelt gründen,
Und für das kommende Geschlecht
Bewahren Wohlfahrt, Licht und Recht,
O das gibt ew'ge Wonne!

Gesangb. der Pfalz. Lied 353.

149. Guter Brauch.

Es ist ein heil'ger Brauch, im reinen Gartenraum
Bei deines Sohn's Geburt zu pflanzen einen Baum.

So ähnlich ist der Trieb des Menschen und der Pflanze
Und so verschieden auch, wie Blatt und Blatt am Kranze.

Das zarte Reiß kann nur durch Jahresgunst gedeih'n,
Und nur durch Himmelsgunst gedeiht ein Kind allein.

Der Baum, gepflanzt, erwächst dir ohne weit're Müh'n:
Nicht sonder Sorge wirst du seh'n den Sohn erblüh'n.

Wenn du ihn biegen willst, so biege fein den jungen;
Das ist vom Baum sowohl, wie von dem Sohn gesungen.

Der Baum zu seiner Zeit trägt seine Frucht für dich;
Dein Sohn trägt seine Frucht, wenn er sie trägt, für sich.

Doch seine Frucht zu seh'n, macht Freuden dich ersatten,
Und einst zufrieden schläfst du ein in seinem Schatten.

Rückert.

150. Der Kirschbaum. I.

Zum Frühling sprach der liebe Gott:
„Geh', deck' dem Würmlein seinen Tisch!"
Darauf der Kirschbaum Blätter trug,
Viel tausend Blätter grün und frisch.

Und's Würmlein, aus dem Ei erwacht's
Nach langem Schlaf im Winterhaus.
Es streckt sich, sperrt sein Mäulchen auf,
Und reibt die blöden Augen aus.

Und d'rauf so nagt's mit stillem Zahn
Um's zarte Blättlein hier und dort,
Und spricht: „Wie ist's Gemüs so gut,
Man kommt schier nimmer wieder fort!"

Und aber sprach der liebe Gott:
„Deck' jetzt dem Bienlein seinen Tisch!"
Darauf der Kirschbaum Blüthen trug,
Viel tausend Blüthen weiß und frisch.

Und bei der Sonne Morgenlicht
Schaut's Bienlein, und es fliegt heran,
Und denkt: „Das wird mein Kaffee sein;
Sie haben kostbar Porzellan.

Wie sauber seh'n die Kelchlein aus!"
So streckt's sein Züngelchen hinein,
Und trinkt und sagt: „Wie schmeckt's so süß,
Der Zucker muß doch wohlfeil sein!"

Zum Sommer sprach der liebe Gott:
„Deck' auch dem Spätzlein seinen Tisch!"
Darauf der Kirschbaum Früchte trug,
Viel tausend Kirschen roth und frisch.

Und Spätzlein sagt: „Ist's so gemeint?
Da nimmt man Platz und frägt nicht lang!
Das gibt mir Kraft in Mark und Bein
Und stärkt die Kehle zum Gesang."

Zum Herbste sprach der liebe Gott:
„Räum' ab, sie haben alle jetzt!"
D'rauf kam die kühle Bergesluft,
Und schon hat's kleinen Reif gesetzt.

Die Blätter werden gelb und roth,
Und fallen bei des Windes Weh'n,
Und was vom Boden aufwärts kommt,
Muß auch zum Boden abwärts geh'n.

Zum Winter sprach der liebe Gott:
„Jetzt deck', was übrig ist, mir zu."
Da streut der Winter Flocken d'rauf.
Nun danket Gott und geht zur Ruh'.

Hebel.

151. Des Gärtners Verdienst.

O Gärtner, der du hier den Baum im Garten zieh'st,
Mit stolzer Schöpferlust auf deine Schöpfung sieh'st,

In Wahrheit hast du doch den Samen nicht gemacht,
Und hast auch nicht daraus den Baum hervorgebracht.

Doch dein ist das Verdienst, daß du den Samen streutest,
Und groß den Baum zu zieh'n nicht Müh' noch Sorgfalt scheutest.

Rückert.

152. Der Kirschbaum. II.

Wie prangt der Kirschbaum hoch und schön
Und neigt die vollen Aeste!
Er scheint uns freundlich anzuseh'n
Als seine lieben Gäste.

Wie glänzt und schwanket voll und rund
Die Kirsch' an allen Zweigen!
Als wollte sie zu unserm Mund
Von selbst herab sich neigen.

Seht ihre Bäckchen roth und schön
Versteckt im Laube blinken;
Und wenn die Sommerlüftchen weh'n,
Vom Baum uns freundlich winken.

Wir aber steh'n umher im Kreis
Mit freudevollen Blicken;
Hernieder schwebt das volle Reis;
Wir jauchzen, haschen, pflücken!

Wie lieblich, o wie kühl und frisch
Zerschmilzt die Kirsch' im Munde.
Dank dir, o Gott, du deckst den Tisch
Uns stets zur rechten Stunde.

Du gibst so gern und weißt so schön
Zur rechten Zeit zu geben!
Bevor des Herbstes Stürme weh'n,
Erfreu'n uns Obst und Reben.

Krummacher.

153. Der Obstgarten.

Obstbäume sind genug, o Kinder, hier im Garten;
Ihr müßt beim ersten Baum die Reife nur erwarten.

Die Bäume lösen sich von Wochen ab zu Wochen,
Daß neu gereifte Frucht in jeder sei gebrochen;

Und kaum an einem Baum habt ihr euch satt gepflückt,
Als schon der folgende für euch die Tafel schmückt.

Doch wenn beim ersten ihr zu früh beginnt den Schmaus,
Seid ihr dann überall der rechten Zeit voraus.

Euch wird von einem Baum Begier zum andern treiben,
Und keinem wird die Zeit, die Frucht zu reifen, bleiben.

Ihr habt das ganze Jahr zu essen herbe Frucht,
Weil von dem ersten Baum ihr habt zu früh versucht.

Rückert.

154. Blüthen und Früchte.

Wie viel Aepfel verlangst du für diese Blüthen? — „Ein Tausend;
Denn der Blüthen sind wohl zwanzig der Tausende hier,
Und von Zwanzig nur Einen, das find' ich billig." — Du bist schon
Glücklich, wenn du bereinst Einen von Tausend behältst.

Göthe.

155. Einkehr.

Bei einem Wirthe, wundermild,
Da war ich jüngst zu Gaste;
Ein goldner Apfel war sein Schild
An einem langen Aste.

Es war der gute Apfelbaum,
Bei dem ich eingekehret;
Mit süßer Kost und frischem Schaum
Hat er mich wohl genähret.

Es kamen in sein grünes Haus
Viel leichtbeschwingte Gäste;
Sie sprangen frei und hielten Schmaus
Und sangen auf das Beste.

Ich fand ein Bett zu süßer Ruh
Auf weichen, grünen Matten;
Der Wirth, er deckte selbst mich zu
Mit seinem kühlen Schatten.

Nun fragt' ich nach der Schuldigkeit,
Da schüttelt' er den Wipfel.
Gesegnet sei er allezeit,
Von der Wurzel bis zum Gipfel!

Uhland.

156. Opfer zur Erhaltung.

Wer hin die Hälfte gab, verliert das Ganze nicht;
Der Baum wirft Aepfel ab, damit der Ast nicht bricht.

Rückert.

157. Der Apfelbaum.

Herr Apfelbaum, ich lieb' dich recht!
Du bist ein alter treuer Knecht.
Zu dir komm' ich manch' Jahr schon her
Und find' nie deine Taschen leer!
Drum sag' ich frei: Dich lieb' ich recht,
Du bist ein alter treuer Knecht!

Steh' ja hübsch grade, wird's auch schwer,
Und wanke nicht so hin und her!
Du wirst sonst wahrlich schief und schräg —
Wirf lieber von der Last was weg! —
Man lobt dich doch als einen Mann,
Der mehr als and're tragen kann.

Du schüttelst leise mit dem Kopf?
Du fürchtest deinen Herrn, du Tropf?
Dienst du ihm nicht so lange schon,
Und nimmst nicht einen Dreier Lohn?
Er schilt dich nicht, wenn von der Last
Du auch was abgeworfen hast. —

Jetzt kommt dein Herr; von Ast zu Ast
Nimmt er dir ab die schwere Last.
Er trägt sie heim nach Fach und Schrank
Und sagt dir nicht ein Wörtchen Dank.
Du aber meinst: Wer nützt und nährt,
Nicht erst in Worten Dank begehrt.

E. v. Houwald.

158. Schwere des Segens.

Die Blüthe trägt sich leicht, viel leichter als die Frucht;
O schlanker Frühlingsast, wie beugt dich Herbsteswucht!

Rückert.

159. Herbstlied.

Wohl ist der Herbst ein Ehrenmann;
Er bringt uns Schnabelweide!
Auch Nas' und Auge lockt er an,
Und überspinnt thalab, bergan
Das Feld mit bunter Seide!

Schon lange lüstert uns der Gaum,
Aus seinem Korb zu naschen!
Wann reift doch Apfel, Pfirsch' und Pflaum'?
Oft seh'n und hören wir im Traum,
Wie's niederrauscht, und haschen.

Schaut auf, und jubelt hoch im Tanz,
Wie sich die Bäume färben!
Gelb, roth und blau im bunten Glanz!
Er kommt, er kommt im Asterkranz,
Der Herbst mit vollen Körben!

Von Früchten regnet's rund herum,
Und was nur geh'n kann, sammelt:
Der Eine läuft den Andern um,
Der schreit und macht den Rücken krumm:
Und alles schmaust und bammelt.

Was blinkt von jener Mauer her
So gelb und schwarz im Laube?
Die Leiter an! Wie voll und schwer!
Den Trauben drängt sich Beer' an Beer',
Den Ranken Traub' an Traube!

Was rauscht und klappert dort und kracht?
Da hagelt's welsche Nüsse!
Frisch, abgehülst und ausgemacht!
Wie euch der Kern entgegen lacht,
Milchweiß und mandelsüße!

Der Baum dort mit gestütztem Ast
Will auch so gerne geben!
Den Apfelbrecher her in Hast,
Und nehmt behend ihm seine Last,
Im Winter was zu leben!

Am Abend prang', o Herbst, zur Schau
Dein Opfer auf dem Tische.
Ein hoher Pyramidenbau
Von edler Frucht, gelb, roth und blau,
In lachendem Gemische!

Komm, Boreas, und stürme du
Das Laub den Bäumen nieder!
Wir machen dir das Pförtchen zu
Und naschen Nuß und Obst in Ruh,
Und trinken klaren Cider!

Voß.

160. Dankbarkeit nach Genuß.

Iß die Frucht, und gib den Kern
Dankbar zurück der Erde,
Daß wieder ein Baum es werde,
Der wieder Früchte dir gebe gern.

Rückert.

161. Kenntniß.

Leicht mag, wer sieht die Frucht, des Baumes Namen sagen;
Ein Gärtner sieht am Baum, was er für Frucht wird tragen.

Rückert.

162. Was der Vogel spricht.

Die Menschen wollen doch von Werken der Natur,
Was ihnen Nutzen bringt am meisten rühmen nur;

Entweder was sie selbst zu füttern dient, zu kleiden,
Doch oder wenigstens ihr zahmes Vieh zu weiden.

Schrieb euch ein Vogel nun einmal Naturgeschichte,
Wie, meint ihr, lauteten vom Menschen die Berichte?

Daß unter Allem, was zu Vogelschirm und Schutze
Geschaffen Gott, der Mensch sei vom geringsten Nutze;

Ja recht zum Ungemach, Verderben und Entsetzen,
Mit Ränken tausendfach, Nachstellungen und Netzen.

Und nichts sei gut an ihm, als daß mit seltnem Triebe
Er Bäume pflanze, zwar dem Vogel nicht zur Liebe,

Von denen doch alsdann ein Vogel dann und wann,
Wenn ihn der Mensch nicht scheucht, die Früchte picken kann.

Rückert.

IX.
Weinbau.

163. Der Weinberg.

Wer die Reben pflanzt und hegt,
Und den Weinberg wohl verpflegt,
Den sein Vater angelegt,
Der ist werth zu leben.
Aber, wer ihn läßt vergehen,
Den soll Kind und Enkel schmähen;
Und wer von ihm was Gutes spricht,
O! der verdient das Wasser nicht,
Das ihm wird gegeben.

Hagedorn.

164. Die Früchte und die Traube.

Wie vielfarbiges Edelgestein
  Auf smaragdener Schale
  Unter'm Deckel von Saphirschein,
  Glänzen die Früchte im Thale.

Sie alle sind Halbedelgestein,
  Trüb', undurchsichtig im Grunde;
  Ganz klar im Aug' ist die Traub' allein,
  Und zerschmelzend im Munde.

Alle sind, wie der Granatenkern
  Proserpina's, erdtheilhaftig,
  Und dem olympischen Tische fern,
  Nur die Traub' ist nektarsaftig.

Jede andre Erdenkost
  Dämpft Geistes Himmelsfunken;
  Nur die Traub' ist gegess'ner Most,
  Noch eh' sie als Most wird getrunken.

Da das Trinken viel edler ist,
  Und Essen im Werth muß sinken:
  O wüchsen mir Trauben zu jeder Frist,
  Um auch mein Essen zu trinken.

Rückert.

165. Der Landmann und der Winzer.

Der Landmann.

Was gleicht den Stämmen, die hier stehen,
Und jener Hügel Trefflichkeit?
Der Eichen und der Birken Höhen
Verdienen aller Bäume Neid.

Der Winzer.

Kein Baum kann edler, als die Reben,
Nichts schöner, als ein Weinberg sein.
Was ist doch aller Menschen Leben!
Und ach! Was wär' es ohne Wein?

Der Landmann.

Das Alter dieser breiten Eichen
Verjünget sich durch Fruchtbarkeit;
Durch ganz besondre Vorzugszeichen
Verdienen sie der Bäume Neid.

Der Winzer.

Ich wollte dir ihr Lob erlauben,
Ich selber stimmte mit dir ein,
Doch statt der Eicheln, lob' ich Trauben,
Und, statt des Schattens, lob' ich Wein.

Der Landmann.

Die Birken sammeln edle Kräfte,
So oft der Lenz die Welt erfreut,
Und ihre so gesunden Säfte
Verdienen and'rer Säfte Neid.

Der Winzer.

Erhebe, wie du willst, die Birken;
Ich kann mit dir nicht einig sein.
Doch meinen Beifall auszuwirken,
So zapfe mir aus Birken Wein.

Der Landmann.

Hier fließt aus reinen Wasserfällen
Der feisten Anger Lieblichkeit.
Das frische Naß der süßen Quellen
Verdienet aller Meere Neid.

Der Winzer.

Ihr Bäche dieser fetten Wiesen,
Ja, ja, ihr fließet ziemlich rein.
Ihr werdet auch von mir gepriesen;
Nur gebt uns, statt des Wassers, Wein.

Der Landmann.

Wie singet hier in froher Stille
Der Vögel Schaar zur Frühlingszeit!
So freier Töne Scherz und Fülle
Verdienet mancher Sänger Neid.

Der Winzer.

Der muntern Vögel Scherz und Singen
Kann freilich Ohr und Herz erfreu'n,
Doch vieles würde schöner klingen,
Besäng' ein Vogel auch den Wein.

Hagedorn.

166. Die Weinlese.

Willkommen, Weinles', unsre Freude,
Sei ewig unser großes Fest!
Wie jauchzen wir nach langem Leide,
Daß Bacchus uns nicht gar verläßt!
Du schenkest uns das Mark der Reben,
Den Greis und Jüngling zu erfreu'n.
Ja, ja! nun mag ich wieder leben!
Was ist ein Leben ohne Wein?

Der Erdkreis drohte zu vergehen:
Denn, ach! die Rebe stund betrübt.
Nun fließt ihr Nectar auf den Höhen,
Der allem neues Leben gibt.
Erfrorne Dichter, singt nun wieder!
Will keine Muse günstig sein?
Lyäus lehret bess're Lieder!
Nichts ist so sinnreich, als der Wein.

Verschmachtend lag mit schlaffem Bogen
Der Gott der Liebe hingestreckt.
Wie muthig ist er aufgeflogen,
Nachdem er jungen Wein geschmeckt;
Ein Alter zecht, wird los' und herzet,
Und schläft nun spät und küssend ein.
Daß der mit halber Jugend scherzet,
O Wunder! thut es nicht der Wein?

Der Wein kann alles möglich machen,
Dir, Wein, sei dieser Tag geweiht!
Es herrsche Lust, Gesang und Lachen;
Man zech' aus frommer Dankbarkeit!
Was fehlt? Ihr Freunde, nur noch eines!
Den frohen Amor ladet ein:
Denn Amor ist ein Freund des Weines,
Und ohne Küsse schmeckt kein Wein.

Uz.

167. Der weinende Trinker.
Gegen das zu frühe Lesen der Weintrauben.

Als Anno eilf gekeltert war,
Schien noch die Sonne heiß und klar.

Die Sonne schien so klar und heiß,
Vor seiner Thüre weint ein Greis,

Hielt in der Hand ein Glas mit Wein,
Und helle Thränen tropften drein.

„Was weinst du, guter alter Mann?
Hat dir ein Feind zu nah gethan?"

„„Zu nah' gethan hat mir kein Feind;
Ich weine, weil die Sonne scheint.""

„Wie sprichst du kindisch, unbedacht,
Wer weint denn, wenn die Sonne lacht?"

„„Auch wein' ich, weil der Wein so gut,
Gar köstlich schmeckt dies Traubenblut.""

„So bist du, Alter, nicht bei Trost.
Wer wäre gutem Wein erboßt?

Am guten Wein und Sonnenschein
Soll man von Herzen fröhlich sein."

Darauf der Alte schluchzend spricht:
„„Das, lieber Freund, versteht ihr nicht.

Wie würd' erst dieser Wein so gut,
Wenn er noch hing in solcher Gluth!

Daß wir zu früh gelesen han,
Darüber wein' ich alter Mann."''

Simrock.

168. Gelb und Roth.

Der gelbe Wein ist Gold, der rothe Wein ist Blut;
Dem Golde bin ich hold, dem Blute bin ich gut.

Rückert.

169. Weinlied.

Sei hochgelobt, du Saft der Reben,
Sei hochgelobt, du Himmelskraft!
Du bist erfüllt mit Feuerleben,
Das Muth und Jugend in uns schafft.

Du scheuchst den Kummer, heilst die Kranken
Mit deiner reinen Lebensgluth.
Sag' an, sag' an, die dürren Ranken,
Wie zeugen sie solch köstlich Gut?

Ein Wunder treibt aus dürrem Reise
Der jungen Blätter saftig Grün,
Ein Wunder läßt, versteckt und leise,
Das Knöspchen still bescheiden blüh'n.

Und aus der still bescheid'nen Blüthe
Enthüllt sich, ist's ein Wunder nicht? —
Durch eines reichen Gebers Güte
Die Traube, die der Winzer bricht.

Wär' uns der Geber nicht gewogen,
Der auch die Traub' aus Nichts erschafft,
Er hätt' uns nicht die Reb' erzogen
Mit ihrer stillen Wunderkraft.

Nun sagt: wie soll man würdig danken
Für solch ein köstliches Geschenk?
Bleibt, Brüder, in den heil'gen Schranken,
Und seid des Gebers eingedenk!

Claudius.

170. Rechter Haushalt.

Der alte Hauswirth, in der Wirthschaft wohl erfahren,
Hat dich gelehrt, wo du, wo nicht du sollest sparen.

Voll schöpf' aus vollem Faß, das leere leere schnell,
Doch zwischen voll und leer, da halte Haus, Gesell!

Voll schöpf' aus vollem Faß, und in der Mitte spar';
Die Neige sparen ist unnütz und undankbar.

Warum? kein Sparen frommt, daß neu Erschöpftes steige,
Und schon am Ende wird dir nur die schmale Neige.

Des Fasses Anbruch sei ein Fest, ein Fest sein Ende;
Haustrunk ist Mittleres, das Aeußre Götterspende.

Der Anfang und das End' ist unklar, oben Schaum,
Hef' unten, klarer Wein ist in dem Mittelraum.

Rückert.

X.

Wald und Bäume.

171. Der Wald.

— me gelidum nemus
Secernit populo.
Hor.

Herrlich ist's im Grünen!
Mehr als Opernbühnen
Ist mir Abends unser Wald,
Wenn das Dorfgeläute
Dumpfig aus der Weite
Durch der Wipfel Dämmrung hallt.

Hoch aus mildem Glanze
Streut, im leichten Tanze,
Mir das Eichhorn Laub und Moos;
Fink und Amsel rauschen
Durch die Zweig' und lauschen
Rings im jungen Maigesproß.

In der Abendhelle
Funkelt die Libelle,
Sanft am Farrenkraut gewiegt;
Mückenschwärm' erheben
Sich aus Binsengräben,
Und der braune Schröter fliegt.

Iris und Ranunkel
Blüh'n im Weidendunkel,
Wo durch Tuff die Quelle schäumt,
Die mit Spiegelglätte
Dort im Rasenbette
Wies' und Birkenthal umsäumt.

Ob dem Felsenpfade
Schimmert die Kaskade,
Wie ein flatternd Silberband,
Hell durch Laubgewimmel
Blinkt der Frühlingshimmel,
Und der Berge Schneegewand.

Zauberisch erneuen
Sich die Phantaseien
Meiner Kindheit hier so licht!
Rosenfarbig schweben
Duftgebild' und weben
Ein elysisch Traumgesicht.

172. Waldessprache.

Ein Flüstern, Rauschen, Klingen
Geht durch den Frühlingshain,
Fängt wie mit Liebesschlingen
Geist, Sinn und Leben ein.

Ein Chor von all' den Zweigen
  In süßer Harmonie,
  Und doch jedwedes Neigen
  In eigner Melodie.

Säng' ich es nach, was leise
  Solch' stilles Leben spricht,
  So schien' aus meiner Weise
  Das ew'ge Liebeslicht.

Doch schon im leichten Wandeln
  Zog das Geflüster fort;
  Dumpf ist der Menschen Handeln,
  Und todt der Sprache Wort.

de la Motte Fouqué.

173. Die Bäume.

Grüne Bäume, kühle Schatten,
In den Wäldern, auf den Matten,
Seid dem Wandrer immer hold!
Wollt an seine Straß' euch stellen,
Flüsternd euch ihm zugesellen
In des Mittags schwüler Gluth!

Hat das Stadtthor mich empfangen,
Such' ich wieder mit Verlangen
Nach dem ersten grünen Baum,
Der mit seinen frischen Zweigen
Mir den rechten Weg will zeigen
Zu dem kühlen Labewein.

Euch begrüß' ich auch, ihr Linden,
Mag euch gern auf Märkten finden
Dicht und kugelrund belaubt.
In des Abends Feierstunde
Führt mich die gewohnte Runde
Immer zu den Bäumen hin.

Vöglein in den Wipfeln singen,
Und die Funkenwürmchen schwingen
Ihre Lichter in dem Grün;
Unten wollen sich ergehen
Die im Dunkel sich verstehen
Besser als im Sonnenschein.

Heim in meines Mädchens Garten
Grünen Bäume vieler Arten,
Doch vor allem preiß' ich dich,
Baum, in dessen glatten Rinden
Unsre Namen sind zu finden
Und ein flammend Herz darum.

Haben oft dabei gesessen
Und des Scheidens gar vergessen,
Meinend, daß wir wären eins,
Wenn wir so in eins verschlungen,
So von einem Brand durchdrungen
Unsre beiden Namen sah'n.

Wilhelm Müller.

174. Baumpredigt.

Um Mitternacht, wenn Schweigen rings,
Beginnt's durch Waldesräume,
Und wo sonst Büsch' und Bäume steh'n,
Zu flüstern, rascheln und zu weh'n,
Denn Zwiesprach halten die Bäume.

Der Rosenbaum loht lustig auf,
Duft raucht aus seinen Gluthen:
„Ein Rosenleben reicht nicht weit!
Drum soll's, je kürzer seine Zeit,
So voller, heller verbluten!"

Die Esche spricht: „Gesunkner Tag,
Mich täuscht nicht Glanz und Flittern!
Dein Sonnenstrahl ist Todesstahl,
Gezückt auf's Rosenherz zumal,
Und bangend muß ich zittern!"

Die schlanke Pappel spricht, und hält
Zum Himmel die Arm' erhoben:
„Dort strömt ein lichter Segensquell,
Der rauscht so süß und glänzt so hell,
Drum wall' ich sehnend nach oben!"

Die Weide blickt zur Erd' und spricht:
„O daß mein Arm dich umwinde!
Mein wallend Haar neig' ich zu dir,
Drein flechte deine Blumen mir,
Wie Mütterlein dem Kinde."

Drauf seufzt der reiche Pflaumenbaum:
„Ach, meine Füll' erdrückt mich!
Nehmt doch die Last vom Rücken mein!
Nicht trag' ich sie für mich allein;
Was ihr mir raubt, erquickt mich!"

Es spricht die Tanne guten Muths:
„Ob auch an Blüthen ich darbe,
Mein Reichthum ist Beständigkeit;
Ob Sonne scheint, ob's stürmt und schneit,
Nie änd'r' ich meine Farbe!"

Der hohe, stolze Eichbaum spricht:
„Ich zittre vor Gottes Blitzen!
Kein Sturm ist mich zu beugen stark,
Kraft ist mein Stamm und Kraft mein Mark,
Ihr Schwächern, euch will ich schützen!"

Die Epheuranke thät an ihn
Sich inniger nun fügen:
„Wer für sich selbst zu schwach und klein,
Und wer nicht gerne steht allein,
Mag an den Freund sich schmiegen!"

Drauf sprachen sie so Manches noch,
Ich hab' es halb vergessen;
Noch flüsterte manch heimlich Wort,
Es schwiegen nur am Grabe dort
Die trauernden Cypressen.

O daß die leisen Sprüchlein all'
Ein Menschenherz doch trafen!
Was Wunder, wenn sie's trafen nicht?
Die Bäume pred'gen beim Sternenlicht,
Da müssen wir ja schlafen.

A. Grün.

175. Frühlings- und Sommerlust.

Vöglein kommen hergezogen,
Setzen sich auf dürre Aeste: —
„Weit, ach weit sind wir geflogen,
Angelockt vom Frühlingsweste."

Also klagen sie, die Kleinen:
„Schmetterlinge schwärmen schon,
Bienen sumsen ihren Ton,
Suchen Honig, finden keinen.

Frühling, Frühling! Komm hervor!
Höre doch auf unsre Lieder,
Gib uns unsre Blätter wieder,
Horch, wir singen dir in's Ohr.

Kömmt noch nicht das grüne Laub?
Laß die kleinen Blätter spielen,
Daß sie warme Sonne fühlen,
Keines wird dem Frost zum Raub." —

„Was singt so lieblich leise?"
Spricht drauf die Frühlingswelt,
„Es ist die alte Weise,
Sie kommen von der Reise,
Keine Furcht mich rückwärts hält."

Auf thun sich grüne Aeugelein,
Die Knospen sich erschließen
Die Vöglein zu grüßen,
Zu kosten den Sonnenschein.

Durch alle Bäume geht der Waldgeist
Und sumst: Auf Kinder! Der Frühling ist da;
Storch, Schwalbe, die ich schon oftmals sah,
Auch Lerch' und Grasemück' ist hergereist.

Streckt ihnen die grünen Arm' entgegen,
Laßt sie wohnen, wie immer, im schattigen Zelt,
Daß sie von Zweig zu Zweig sich regen
Und jubeln und singen in frischer Welt.

Nun regt sich's und wühlt in allen Zweigen,
Alle Quellen mit neuem Leben spielen,
In den Aesten Lust und Kraft und Wühlen,
Jeder Baum will sich vor dem andern zeigen.

Nun rauscht's und alle steh'n in grüner Pracht,
Die Abendwolken über Wälder zieh'n
Und schöner durch die Wipfel glüh'n,
Der grüne Hain von gold'nem Feuer angefacht.

Tied.

176. Preis der Tanne.

Jüngsthin hört' ich, wie die Rebe
Mit der Tanne sprach und schalt:
Stolze! himmelwärts dich hebe,
Dennoch bleibst du starr und kalt!

Spend' auch ich nur kargen Schatten
Wegemüden, gleich wie du,
Führet doch mein Saft die Matten,
O wie leicht! der Heimath zu.

Und im Herbste, — welche Wonne
Bring' ich in des Menschen Haus!
Schaff' ihm eine neue Sonne,
Wann die alte löschet aus.

So sich brüstend sprach die Rebe,
Doch die Tanne blieb nicht stumm,
Säuselnd sprach sie: gerne gebe
Ich dir, Rebe, Preis und Ruhm.

Eines doch ist mir beschieden:
Mehr zu laben, als dein Wein,
Lebensmüde; — welchen Frieden
Schließen meine Bretter ein!

Ob die Rebe sich gefangen
Gab der Tanne, weiß ich nicht,
Doch sie schwieg, — und Thränen hangen
Sah ich ihr am Auge licht.

Justinus Kerner.

177. Die Tanne.

Auf des Berges höchster Spitze
Steht die Tanne, schlank und grün;
Durch der Felswand tiefste Ritze
Läßt sie ihre Wurzeln zieh'n.

Nach den höchsten Wolkenbällen
Läßt sie ihre Wipfel schweifen,
Als ob sie die vogelschnellen
Mit den Armen wollte greifen.

Ja, der Wolken vielgestalt'ge
Streifen, flatternd und zerrissen,
Sind der Edeltann' gewalt'ge,
Regenschwang're Nadelkissen.

Tief in ihren Wurzelknollen,
In den faserigen, braunen,
Winzig klein, und reich an tollen
Launen, wohnen die Alraunen,

Die des Berges Grund befahren
Ohne Eimer, ohne Leitern
Und in seinen wunderbaren
Schachten die Metalle läutern.

Wirr läßt sie herunter hangen
Ihre Wurzeln in's Gewölbe;
Diamanten sieht sie prangen
Und des Goldes Gluth, die gelbe.

Aber oben mit den dunkeln
Aesten sieht sie schöneres Leben;
Sieht durch Laub die Sonne funkeln,
Und belauscht des Geistes Weben,

Der in diesen stillen Bergen
Regiment und Ordnung hält,
Und mit seinen klugen Zwergen
Alles leitet und bestellt;

Oft zur Zeit der Sonnenwende
Nächtlich ihr vorübersaus't,
Eine Wildschur um die Lenden,
Eine Kiefer in der Faust.

Sie vernimmt mit leisen Ohren,
Wie die Vögel sich besprechen;
Keine Silbe geht verloren
Des Gemurmels in den Bächen.

Offen liegt vor ihr der stille
Haushalt da der wilden Thiere.
Welcher Friede, welche Fülle
In dem schattigen Reviere!

Menschen fern; nur Rothwildstapfen,
Auf dem moosbewachs'nen Boden! —
O, wohl magst du deine Zapfen
Freudig schütteln in die Loden.

O, wohl magst du gelben Harzes
Duft'ge Tropfen niedersprengen,
Und dein straffes, grünlichschwarzes
Haar mit Morgenthau behängen!

O, wohl magst du lieblich wehen!
O, wohl magst du trotzig rauschen!
Einsam auf des Berges Höhen
Stark und immer grün zu stehen —
Tanne, könnt' ich mit dir tauschen!

Freiligrath.

178. Der Lerchenbaum.

Du, so schlank emporgeschossen,
    Du, im grünen Lichtgewand,
Mit den rothen Blüthensprossen,
    Sag', wie hat man dich genannt?

„Lerche heiß' ich, lieber Waller!
    Wundert mich, daß du noch fragst,
Nicht mir, nach den Sitten Aller,
    Gleich vertraute Grüße sagst."

Lerche? Wie mag Lerche heißen,
    Wer, an Wurzeln festgebannt,
Nie sich kann der Erd' entreißen,
    Zu durchzieh'n das blaue Land?

„Glaubst du, daß ich Lüfte scheue?
    Mir bekannt ist wohl ihr Lauf.
Sieh', umspielt von klarer Bläue,
    Schießt mein hoher Wipfel auf."

Willst du Lerchen dich vergleichen,
    Wohl, so gib nach Lerchenbrauch
Kunde von des Schnee's Entweichen
    Und vom ersten Frühlingshauch!

„Wenn die Lerchen droben singen,
    Laß' ich and're Lerche hier
Zart mein junges Grün entspringen,
    Und man kennt des Maien Zier."

Wohl an Farben, wohl an Schatten,
Aber nicht am süßen Klang,
Den die Vögel ohn' Ermatten
Wirbeln ihre Bahn entlang.

„Farben hier und dorten Klänge,
Beide hell aus freud'gem Trieb,
Grüne Sprossen, Lustgesänge,
Hoffnungsvollen Herzen lieb!"

Farb'ge Schwester jener süßen,
Heitern Himmelsmelodie,
Ja, man soll dich Lerche grüßen,
Hoch, früh auf und hell wie sie.

de la Motte Fouqué.

179. Die Kastanie.

Die Roßkastanie hat auf grünem Kandelaber
Die Blüthen gelb und roth als Kerzen aufgesteckt;
Der Regen will sie löschen, aber
Zu höherm Glanz hat er sie aufgeweckt.

Rückert.

XI.
Für Frauen und Mädchen.

180. Macht des Weibes.

Das Weib kann aus dem Haus mehr in der Schürze tragen,
Als je einfahren kann der Mann im Erntewagen.

Rückert.

181. Das Landmädchen.

Im Sommer, als das Heu gemäht,
Wenn weiß der Klee im Felde blüht,
Wenn grün das Korn im Acker weht
Und rings am Haus die Rose glüht,
Sagt Elsbeth in der Melkerei:
Komm', was da will, es wird gefreit!
Darauf ein runzlig Mütterlein:
„Ein guter Rath bringt nimmer Leid.

Sieh', du hast mehre Freiersleut'
Und bist noch, denk' ich, jung genug;
So wart' ein Weilchen, sorg', daß Küch'
Und Kammer voll und wähle klug:
Der John von Buskie=glen hat Stall
Und Scheuer voll auf seinem Gut,
Und, liebes Hühnchen, glaub' mir nur,
Daß Geld wohl schürt der Liebe Gluth."

Ei was, der John von Buskie=glen
Geht keinen Pfifferling mich an:
Er liebt so sehr sein Vieh und Korn,
Daß er mich nimmer lieben kann.
Doch Robins Auge blinkt so froh,
Und er, das weiß ich, ist mir hold;
Ein Blick von ihm — ich gäb' ihn nicht
Für Buskie=glen und all' sein Gold.

„O Dirn, das Leben ist ein Kampf,
Im besten Fall selbst ohne Rast;
Doch leichter ficht die volle Hand,
Und Hunger ist ein böser Gast;
Wenn Dieser spart, gibt Der gern aus
Und Eigensinn folgt eigner Lust;
Doch brau'st du, schönes Kind, bedenk,'
Daß du den Trank auch trinken mußt."

Ja, Geld erkauft mir Ackerland,
Und Geld erkauft mir Schaf' und Vieh;
Jedoch ein zärtlich Herz voll Lieb'
Erkauft mir Gold und Silber nie.
Robin und ich wir sind zwar arm,
Doch ist der Liebe Bürde leicht:
Zufriedne Lieb' bringt Fried' und Freud,' —
Und hat die Königin mehr vielleicht?

Robert Burns.

182. Landlied für Mädchen.

Seht, Gespielen, seht, die Flur
Blühet nur,
Um der Unschuld zu gefallen.
Laßt uns froh am Blumenrain
Und im Hain
Unter jungen Schatten wallen.

Durch der Wiese zartes Grün
Ringsum blüh'n
Tausend Blumenkelch' und Dolden,
Hell von Sonnenschein und Thau,
Himmelblau,
Roth und violett und golden.

Wählt die Düftevollen aus
Euch zum Strauß,
Daß er prang' am weichen Mieder.
Strebt der Busen aus dem Flor
Halb hervor,
Wall' er bergend auf ihn nieder.

Ohn' ein starres Staatsgewand
Eilt auf's Land,
Ohne Perlen und Geschmeide;
Freier hebt, voll Frühlingslust,
Sich die Brust
Unter leichtem Schäferkleide.

Unentstellt von Ziererei,
Los und frei
Laßt die langen Flechten hangen;
Und zerstreuter Locken Spiel
Säus'le kühl
Um die warmen Rosenwangen.

Schürzt euch leicht zum Reihentanz;
Biegt zum Kranz
Rosmarin voll blauer Blüthe;
Und ein weit umschlungnes Band
Flieg' am Rand
Eurer gelben Halmenhüte.

Auf des Waldes Farrenkraut
Setzt vertraut
Euch zusammen, kos't und singet,
Bis des Abends falber Schein
In den Hain
Durch die Espenwipfel bringet.

v. Salis.

183. Einführung in die Speisekammer.

Komm, geliebteste der Bräute,
Die du's gestern warst, und heute
Junge Frau geworden bist;
Durch Triumph- und Ehrenbogen
Bist du g'nugsam nun gezogen,
Jedes Ding hat seine Frist.

Einen Schauplatz andrer Ehren
Wollen wir dich kennen lehren,
Wo die Frau am schönsten prangt;
Hier des festen Schlosses Klammer
Thut dir auf die Speisekammer,
Wenn dein Sinn danach verlangt.

Von dem ganzen lauten Hause,
Das sich treibt in Saus und Brause,
Ist das hier der Mittelpunkt;
Hier aus unscheinbaren Töpfen
Ist das köstlichste zu schöpfen,
Was bei allen Festen prunkt.

Nicht zu einem bloßen Spiele
Führ' ich dich auf diese Diele,
Sondern recht zu wahrem Ernst.
Alles ist zwar hier im Kleinen,
Aber größer wird's erscheinen,
Wenn du's erst zu brauchen lernst.

Klein ist Anfang aller Enden,
Doch mit Großem muß es enden.
Wenig braucht ein junges Paar,
Lebt zuerst von seiner Liebe,
Meint, daß es so ewig bliebe,
Doch so bleibt's kein volles Jahr.

Stellt zuerst sich ein ein Püppchen,
Heischt es gleich ein Kindersüppchen,
Das ist noch ein kleiner Schmaus,
Läßt sich leicht zusammenstoppeln;
Wenn die Mäuler sich verdoppeln,
Richtet sich's so leicht nicht aus.

Darum mußt du kennen lernen,
Wo in Pflanzen, Früchten, Kernen,
Liegt für's Haus der Nahrungskeim,
Davon ein'ges treu beflissen
Wollen wir dir thun zu wissen;
Alles sagt sich nicht im Reim.

Mehr als hier auf diesem Zettel
Find'st du groß und kleinen Bettel
Hier in Ecken überall.
Hier in diesem größern Sacke
Birnenschnitz', in ihrer Jacke,
Brauchbar doch auf jeden Fall.

Hier im kleinern ausgewählte
Fein're Schnitze, wohlgeschälte,
Von Borsdorferäpfelzucht.
Auch nicht minder trockne Zwetschen,
Die zu Mus sich lassen quetschen,
Kochen auch in ganzer Frucht.

Lauter heimische Gesellen;
Auch ein Vorrath von Cornellen,
Nutzbar kaum, doch sind sie hie.
Doch die edle Frucht der Quitten
Muß dein Augenmerk erbitten,
Keinem Kranken schadet sie.

Hier noch manches Eingemachtes
Unter Gläsern, wohl beacht' es,
Doch nicht mehr als billig ist;
Denn es ist bei'm Mahl das Letzte
Klein in Näpfchen aufgesetzte,
Wenn man nur zur Lust noch ißt.

Mehr betrachte dies daneben!
Das ist, was kann Nahrung geben,
Uns'rer Erde Mark und Kern.
Habergries und Graupengerste,
Immer auf dem Tisch das Erste,
Suppen hat ein jeder gern.

Doch das Sprüchwort sagt, daß Schwaben
Ganz besonders gern sie haben,
Drum besonders zeig' ich dir's.
Dies, was du wohl nicht wirst kennen,
Muß ich dir auf fränkisch nennen,
Frankenkost ist das, der Hirs.

Sonst bei fränk'schen Hochzeitfesten
Gab man Hirsebrei zum besten,
Dick, daß drinn der Löffel stand.
Dieser Brauch ist eingerostet,
Und du hast es nicht verkostet,
Was das Best' am Frankenland.

Aber hier die Erbs' und Linsen
Sind die wohlbekannten Prinzen
In dem ganzen deutschen Reich.
Wo in ungeles'nen Haufen
Beide durcheinander laufen,
Kennt man schlechten Haushalt gleich.

Sonst, als Allem, selbst dem Essen,
Seine Zeit war zugemessen,
Aß man Linsen Samstags nur.
Heut zu Mittag sollst du sehen,
Ob wir noch in einem gehen
Auf der guten, alten Spur.

Nun sieh' schnell noch im Getümmel
Hier ein Pätschchen Salz und Kümmel,
Zwiebeln und Wachholderbeer;
Das sind unsre heim'schen Würzen,
Fremde sollen sie nicht stürzen,
Keine fremden that ich her.

Zimmet, Nelken und Muskaten
Kann man meistentheils entrathen,
Und kommt nicht dabei zu kurz,
Aber erst die Modewürze,
Welche scheut die Küchenschürze,
Das ist erst die schlimmste Wurz.

Hier im Körbchen noch die Eier!
Sonst galt's drei für einen Dreier,
Und ein Ei auf einen Mann.
Jetzund will das erste selten,
Und das letzte nie mehr gelten;
Was man nun nicht ändern kann.

Hier daneben Käs' und Butter
Sind's, warum die kluge Mutter
Mehr das Gras als Blumen liebt,
Weil die Blumen nutzlos welken,
Aber um die Kuh zu melken,
Man ihr nur Heublumen gibt.

Nicht allein mit Blut und Säften
Dient dem Mensch das Thier nach Kräften,
Sondern selb mit Stumpf und Stiel.
Hier in dieser Hausregierung
Siehst du rings als Wandverzierung
Hangen solcher Stücke viel.

Zungen, Würste, Speck und Schinken
Sind bereit zu deinen Winken;
Das ist erst das Fleisch im Topf.
Daß man langsam sie verbrauche,
Hat man sie bewahrt im Rauche;
Diese Kunst erfand kein Tropf.

Nun in Winkeln und in Ecken
Mag sich manches noch verstecken,
Was dein erster Blick nicht sieht;
Eins zum Vorschein nach dem andern
Wird es kommen, wenn du wandern
Fleißig wirst durch dies Gebiet.

Jetzt zum Schluß das Essignäpfchen,
Mit dem wohlverwahrten Zäpfchen,
Das im Haus nicht fehlen darf.
Sonsten hieß es: Böse Frauen
Können guten Essig brauen.
Sei, statt böse, du nur scharf.

Scharf ist gut im Haus am Essig,
Scharf, allein nicht übermäßig,
Daß man ihn auch kosten darf.
Scharf ist gut im Haus am Messer,
Aber nicht zu scharf ist besser,
Schartig macht ja allzuscharf.

Daß ich hier mich auf will werfen,
Dir die Lehren einzuschärfen,
Nimm auch das nicht allzuscharf.
Nun ich seh' in deinen Mienen,
Les' ich anders recht in ihnen,
Was der Haushalt hoffen darf.

184. Lob der Spindel.

Die Faust des Mannes zieret
Ein blank geschliffen Schwert,
Das er in Treue führet,
Wo er das Recht begehrt.

Sank er auf blut'ger Heide,
Den Ring, den Edelstein,
Dies seiner Hand Geschmeide
Grub man mit ihm hinein.

Des Eisens Wucht zu heben,
Sind Frauen nicht gewandt,
Sie leben stilles Leben,
Die Spindel in der Hand.

Die zarte Hand der Schönen
Ziert die mit rechter Weis';
Sie tanzt mit süßem Tönen,
Und singt der Frauen Fleiß.

In alter Wälder Dunkel,
Auf moosigem Gestein
Sitzt an krystallner Kunkel
Nachtfrau im Mondenschein.

Mondhelle Fäden bringet
Ihr Finger zart hervor;
Seltsam die Spindel singet;
Es lauscht des Wand'rers Ohr.

In Schloß und Burgeshallen
Die Spindel emsig sang;
Den deutschen Frauen allen
War sie ein lieber Klang.

Gar spärlich Sammt und Seide
Umfing der Frauen Leib,
Im selbstgesponn'nen Kleide
Ging da manch' süßes Weib.

Kaum, daß in armer Kammer,
In Nächten lang und bang,
Bei Thränen und bei Jammer
Noch tönt der Spindel Sang.

Sing' nur, du singst den Sorgen
Der Armuth endlich Tod.
Steig' auf, du lichter Morgen!
Bring' das ersung'ne Brod.

Jetzt im Gemach der Schönen
Hört man wohl Lautenklang,
Wohl welsche Triller tönen,
Gar leis der Spindel Sang.

Die Spindel hält verschoben
Jetzt manche Schöne stolz,
Und denkt, wie kann man loben
So ein gemeines Holz!

Nein! liebe deutsche Frauen!
Erkennt der Spindel Werth!
Woll't treulich auf sie bauen,
Treu, wie der Mann auf's Schwert!

Indeß der sieghaft stehet
In Blut und Kampfes=Schweiß,
Sitzt fromm daheim und drehet
Die Spindel recht mit Fleiß!

So war's in alten Tagen
Sittsamer Frauen Art.
Bilder und schlichte Sagen
Die haben uns bewahrt:

Wie in der Frauen Kreise
Die Spindel nie geruht. —
Spinnt fort nach alter Weise
Zart — aber stark und gut.

Justinus Kerner.

185. Spinnerlied.

Arbeit, ihr Mädchen,
Bringt süßen Gewinn:
Da schnurren am Rädchen
Lustig die neblichten Tage dahin!

Mädchen, die der Ruhe pflegen,
Die gemächlich in den Schooß
Ihre zarten Hände legen,
Werden nie der Sorge los.
   Arbeit, ihr Mädchen u. s. w.

 Lange Weile baut im Stillen
Ihren Herd beim Müßiggang;
Unterbrochen dann von Grillen
Wird der häusliche Gesang.
  Arbeit, ihr Mädchen u. s. w.

 Gern sein liebes Rädchen hören:
O das sichert vor Gefahr!
Und so tragt ihr einst mit Ehren
Euren Hochzeitkranz im Haar.

 Arbeit, ihr Mädchen,
Bringt süßen Gewinn:
Da schnurren am Rädchen
Lustig die neblichten Tage dahin!

J. G. Jacobi.

186. Elsbeth und ihr Spinnrad.

Ich lobe mir mein Spinnerad,
Und Rocken und Haspel früh und spat!
Von Kopf zu Fuß gibt's mir die Tracht
Und hält mich warm in kalter Nacht!
So sing' und spinn' ich nun voll Wonn',
Indessen sinkt die Sommersonn',
Und bin bei Milch und Brod nie trüb —
Mein Spinnrad ist mir gar so lieb!

Rings fließen Bäche mit Gebraus
Und münden unfern meinem Haus;
Die duft'ge Birk' eint ihr Gezweig
Mit weißem Hageborn am Teich,

Zum Schutz vielleicht für Vögleins Brut
Und kleiner Fische kühle Hut;
Die Sonne blickt so freundlich drein
Und ich, ich dreh' das Spinnrad mein.

Die Taub' auf hoher Eiche klagt
Dem Echo, was ihr's Herz benagt;
Die Hänflingsschaar im Haselgebüsch
Singt um die Wette keck und frisch;
Der Kibitz schreit im Heu voll Duft;
Das Rebhuhn schwirret durch die Luft;
Die Schwalbe schwingt um's Strohdach sich
Und ich am Spinnrad freue mich.

Zwar bringt Verkauf und Kauf nicht viel,
Doch flieht auch Leid und Neid mein Pfühl;
Und wer gäb' diesen ruh'gen Sinn
Um all' den Prunk der Großen hin?
Kann all' ihr eitler Flitterwust
Und ihre läst'ge wilde Lust
Ihr Herz durchglüh'n mit Fried' und Freud',
Wie mir am Spinnerad sich beut?

Robert Burns.

187. Das Milchmädchen.

Mädchen nehmt die Eimer schnell,
Habt ihr ausgemolken;
Seht die Sterne blinken hell,
Und der Vollmond guckt so grell
Aus den krausen Wolken.

Lieg' und wiederkäu' in Ruh'
Dein gesundes Futter!
Alles, gute fromme Kuh,
Milch und Käse schenkest du,
Rahm und süße Butter.

Ruhig läuten durch das Feld
Dumpfe Rinderglocken;
Und der Hund im Dorfe bellt,
Und der Schlag der Wachtel gellt
Im bethauten Roggen.

Mädchen singt mit frohem Schall;
Wer nicht singt, dem grauet.
Hört den schönen Wiederhall
Dort im Wald und Erlenthal,
Wo der Hase brauet.

Töchterlein, nimm dich in Acht,
Komm mir bald zu Hause!
Sagt die Mutter: in der Nacht
Schwärmt des Teufels wilde Jagd
Mit des Sturms Gesause!

Ein gehörnter schwarzer Mann
Kommt oft hulter pulter!
Guckt mit glüh'ndem Aug' dich an,
Kneipt dich mit der Krall', und dann
Hockt er auf die Schulter!

Mädchen wandelt früh und spät,
Trotz den klugen Müttern.
Wer auf guten Wegen geht
Und auf Kreuze sich versteht,
Darf vor Spuk nicht zittern.

Zwar mich faßt ein Bösewicht
Manchmal um den Nacken;
Aber roth ist sein Gesicht,
Und mit Krallen kneipt er nicht
Freundlich meine Backen.

Dieser heißt, das Ohr gespitzt!
Wilhelm und so ferner:
Zwar sein blaues Auge blitzt;
Aber wenigstens bis itzt
Trägt er keine Hörner.

Voß.

188. Schwäbisches Bauernlied.

So herzig, wie mein Lisel,
Gibt's halt nichts auf der Welt!
Vom Köpflein bis zum Füßel
Ist sie gar wohlbestellt:
Die Wänglein weiß und roth;
Ihr Mund, wie Zuckerbrod.
So herzig, wie mein Lisel,
Gibt's halt nichts auf der Welt.

Viel weicher als die Seide
Ist ihr kohlschwarzes Haar,
Und ihre Aeuglein beide
Sind wie die Sternlein klar;
Sie blinzeln hin und her,
Sind schwarz, wie Vogelbeer.
So herzig, wie mein Lisel,
Gibt's halt nichts auf der Welt.

Im Dörflein ist kein Mädchen
So fleißig wie mein' Braut.
Im Winter dreht sie's Rädchen,
Im Frühling pflanzt sie Kraut.
Im Sommer macht sie Heu,
Trägt Obst im Herbst herbei.
So herzig, wie mein Lisel,
Gibt's halt nichts auf der Welt.

Auch schreibt sie, 's ist ein Wunder;
Jüngst schickt sie mir 'nen Brief,
Daß mir die Backen 'runter
Das helle Wasser lief.
Liest sie in der Postill',
So bin ich mäuschenstill.
So herzig, wie mein Lisel,
Gibt's halt nichts auf der Welt.

Ihr sollt sie tanzen sehen
Mein trautes Liselein!
Sie hüpft und kann sich drehen,
Als wie ein Wieselein:
Doch schleift und tanzt sie dir
Am liebsten nur mit mir.
So herzig, wie mein Lisel,
Gibt's halt nichts auf der Welt.

O, traute Lisel! länger
Renn' ich nicht hin und her,
Es wird mir immer bänger,
Wenn doch die Hochzeit wär'!
Im ganzen Schwabenland
Kriegst keine treu're Hand.
O du, mein' traute Lisel,
Wenn doch die Hochzeit wär'!

189. Mein Liebster ist im Dorf der Schmidt.

Mein Liebster ist im Dorf der Schmidt,
Ich hab' ihn gar so gern.
Mein Herzchen hämmert immer mit,
Hör' ich den Schmidt von fern.
Und aller Sorgen bin ich quitt,
Wenn ihn mein Aug' erschaut:
Mein Liebster ist im Dorf der Schmidt,
Und ich bin seine Braut.

Wenn ich vor meiner Thüre bin,
Da hör' ich's, wie er singt,
Wie er mit immerfrohem Sinn
Dort seinen Hammer schwingt.
An mich gedenkt er immer mit,
Drum hämmert er so laut:
Mein Liebster ist im Dorf der Schmidt,
Und ich bin seine Braut.

Und wenn die Sonne niedersinkt,
Legt er den Hammer weg
Und kommt, wenn's erste Sternlein blinkt,
Den wohlbekannten Steg.
Ich kenn' ihn ferne schon am Schritt
Und harr' im Stübchen traut:
Mein Liebster ist im Dorf der Schmidt
Und ich bin seine Braut.

Die Mädel all' im Dorfe sind
Ob meines Glücks mir gram.
Sie seh'n sich all' die Augen blind
Nach meinem Bräutigam.
O Himmel, höre meine Bitt'!
Ich bitte dies allein:
O laß auf ewig meinen Schmidt
Mir recht treueigen sein!

Friedrich Albrecht.

190. Metzelsuppenlied.

Wir haben heut nach altem Brauch
Ein Schweinchen abgeschlachtet;
Der ist ein jüdisch ekler Gauch,
Wer solch ein Fleisch verachtet.
Es lebe zahm und wildes Schwein!
Sie leben alle, groß und klein,
Die blonden und die braunen.

So säumet denn, ihr Freunde, nicht,
Die Würste zu verspeisen,
Und laßt zum würzigen Gericht
Die Becher fleißig kreisen!
Es reimt sich trefflich: Wein und Schwein,
Und paßt sich köstlich: Wurst und Durst,
Bei Würsten gilt's zu bürsten.

Auch unser edles Sauerkraut,
Wir sollen's nicht vergessen;
Ein Deutscher hat's zuerst gebaut,
Drum ist's ein deutsches Essen.

Wenn solch ein Fleischlein, weiß und mild,
Im Kraute liegt, das ist ein Bild
Wie Venus in den Rosen.

Und wird von schönen Händen dann
Das schöne Fleisch zerleget,
Das ist, was einem deutschen Mann
Gar süß das Herz beweget.
Gott Amor naht und lächelt still,
Und denkt: nur, daß wer küssen will,
Zuvor den Mund sich wische!

Ihr Freunde, table Keiner mich,
Daß ich von Schweinen singe!
Es knüpfen Kraftgedanken sich
Oft an geringe Dinge.
Ihr kennet jenes alte Wort,
Ihr wißt: Es findet hier und dort
Ein Schwein auch eine Perle.

Uhland.

191. Grabschrift einer Bäuerin.

Ich schlafe gut im kühlen Grund,
Ausruhend zum viel bessern Leben.
Sonst gab ich fromm und froh mich kund
Durch fleiß'ger Arbeit treu Bestreben;
Und Kinder blüh'n von meinem Haus,
Von meinem Grabe Blumen aus.

de la Motte Fouqué.

XII.

Guter Rath.

192. Wahlspruch.

Baue nach Lust dein Feld,
Nach deinem Berufe dein Haus,
Und sieh' auf die tolle Welt
Behaglich zum Fenster hinaus.

193. Arbeit.

Vorwärts wandeln, wiederkehren,
Und das Rohe neu gestalten,
Ordnung in Verwirrung schalten
Wird auf Erden immer währen.

Was gewesen, kommt auch wieder,
Zukunft ist dereinst vergangen,
Sterben muß jedwed' Verlangen,
Und die Erde zieht uns nieder.

Menschen, Element, Naturen
Steh'n zum Kampfe stets gerüstet,
Alles schreckt und lockt; uns lüstet
Wandeln auf der Erde Spuren.

Jeder weiß, wie es gewesen,
Wenn er Gegenwart beachtet;
Wer sich selber recht betrachtet,
Kann die ganze Erde lesen.

Wie der Streit sich selbst versöhnet,
Friede wird aus Krieg erzeuget,
Wie der Regen hebt und beuget,
So die Erde wird verschönet.

Alle Mühe rennt zum Ziele,
Zum Genuße wird das Streben:
Also zieht Arbeit und Leben
In der Erde wild Gewühle.

Tieck.

194. Ehre die Arbeit!

Wen du arbeiten siehst, dem beut du selbst den Gruß;
Nicht bieten kann er ihn, weil er arbeiten muß.

Rückert.

195. Dem Korn sei gleich!

Und wenn sie wie das Korn dich in den Boden traten,
So gehst du auf wie es, und wirst zu grünen Saaten.

Rückert.

196. Der Bauer nach geendigtem Proceß.

Gottlob, daß ich ein Bauer bin,
    Und nicht ein Advocat,
Der alle Tage seinen Sinn
    Auf Zank und Streiten hat.

Und wenn er noch so ehrlich ist,
    Wie sie nicht alle sind:
Fahr' ich doch lieber meinen Mist
    In Regen und in Wind.

Denn davon wächst die Saat herfür,
    Ohn' Hülfe des Gerichts;
Aus Nichts wird Etwas dann bei mir,
    Bei ihm aus Etwas Nichts.

Gottlob, daß ich ein Bauer bin:
    Und nicht ein Advocat!
Und fahr' ich wieder zu ihm hin:
    So breche mir das Rad!

Claudius.

197. Güterzerschlagung.

Einzlen und dem Staat mag's frommen
  Große Güter zu zerschlagen,
  Weil, vom Fleiß in's Werk genommen,
  Kleine Güter großes tragen.

Aber wenn in gar zu kleine
  Fetzen alles ist zerrissen,
  Wird die arme Volksgemeine
  Jeden festen Halt vermissen.

Einer wird den andern hindern
  Seines Ackers frei zu walten;
  Und kaum lohnt sich's für die mindern
  Eigenes Geschirr zu halten.

Statt einander zu ergänzen
  Kreuzen sich die winz'gen Saaten,
  Statt der Furchen gibt's nur Grenzen,
  Und Marksteine statt der Saaten.

Was der eine nennt verbessern
  Heißt der andre untergraben;
  Wenn der eine denkt zu wässern,
  Will's der andre trocken haben.

Wenn der hier für sich sein bestes
  Korn auf seinem Fleckchen säet,
  Klagt der dort, der Hauch des Westes
  Hab' ihm Tollkorn zugewehet.

Und sie wollen sich verzäunen,
　Sich verschanzen und verbauen,
　Und es werden ihre Scheunen
　Desto minder Körner schauen.

Und es wird des Himmels Segen
　Den Zerschlagnen sich versagen,
　Bis sie ihres Vortheils wegen
　Wieder sich zusammenschlagen.

Rückert.

198. Dem jungen Landwirth.

Willst zum Gipfel du gelangen,
Mußt am Stamme du anfangen.
Willst die Spitze du erreichen,
Mußt du nicht vom Grunde weichen.

Ringst du nach der Meisterschaft,
Ueb' als Lehrling deine Kraft.
Willst den Thaler du erraffen,
Lerne nur erst Groschen schaffen.

Fühle recht nur, wie ich's meine,
Such' das Große, ehr' das Kleine,
Denn nicht ist des Großen werth,
Wer das Kleine nicht auch ehrt.

Will sich nicht gleich Alles schicken,
Lerne dich ein wenig bücken;
's fruchtet doch, wenn's auch nur thaut,
Nach und nach ward Rom erbaut.

Nimm als Sinnbild dir die Kette,
Fehlt ein Glied nur — o, ich wette,
Muß die ganze Kette reißen,
Wär' sie auch vom stärksten Eisen.

Sieh', so sind die kleinen Pflichten,
Die die Lehrlinge verrichten,
In der Wirthschaft nur ein Glied
Der Kette, die das Ganze zieht.

Wolle nicht gleich oben 'naus;
Erst die Hütte, dann das Haus!
Goldes werth ist eig'ner Herd,
Aber nicht zu früh begehrt.

Braust die Jugend, schäumt das Leben,
Sei Vernunft und Ruh' daneben.
Wühlt es unten, stürmt es oben,
Traue auf den Lenker droben!

Geh' getrost durch's Leben hin,
Festen Muth's, mit frohem Sinn.
Fürst, Gesetz und Vaterland
Biete freudig Herz und Hand.

Lern' gehorchen, lern' dich fügen,
Laß dich nicht durch Hochmuth trügen.
Denen, die dir untergeben,
Mache sauer nicht das Leben.

Bist im Kleinen du Tyrann,
Fängst du's auch im Großen an.
Magst ein Motto fest dir fassen:
„Leben so wie leben lassen."

Doch vor Allem — o, ich bitte,
Halte dich zur rechten Mitte.
Halt', bis Neues dir ist klar,
Stets das Alte noch für wahr.

In der Wirthschaft, wie im Leben
Mögst nichts auf Extreme geben;
Bleibe hübsch du nur im G'leise,
Eil' nicht auf der Lebensreise.

Schreite fort stets mit der Zeit,
Doch versteig' dich nicht zu weit.
Fortschritt ist nicht Ueberstürzen;
Würde muß das Leben würzen.

Amtsrath Gumprecht.

199. Die Auswanderer.

Ich kann den Blick nicht von euch wenden;
Ich muß euch anschau'n immerdar;
Wie reicht ihr mit geschäft'gen Händen
Dem Schiffer eure Habe dar!

Ihr Männer, die ihr von dem Nacken
Die Körbe langt, mit Brod beschwert,
Das ihr aus deutschem Korn gebacken,
Geröstet habt auf deutschem Herd;

Und ihr im Schmuck der langen Zöpfe,
Ihr Schwarzwaldmädchen, braun und schlank,
Wie sorgsam stellt ihr Krüg' und Töpfe
Auf der Schaluppe grüne Bank!

Das sind dieselben Töpf' und Krüge,
Oft an der Heimath Born gefüllt;
Wenn am Missouri alles schwiege,
Sie malten euch der Heimath Bild;

Des Dorfes steingefaßte Quelle,
Zu der ihr schöpfend euch gebückt;
Des Herdes traute Feuerstelle,
Das Wandgesims, das sie geschmückt.

Bald zieren sie im fernen Westen
Des leichten Bretterhauses Wand;
Bald reicht sie braunen, müden Gästen,
Voll frischen Trunkes, eure Hand.

Es trinkt daraus der Tscherokese,
Ermattet, von der Jagd bestaubt;
Nicht mehr von deutscher Rebenlese
Tragt ihr sie heim, mit Grün belaubt.

O sprecht! warum zogt ihr von dannen?
Das Neckarthal hat Wein und Korn;
Der Schwarzwald steht voll finst'rer Tannen,
Im Spessart klingt des Aelplers Horn.

Wie wird es in den fremden Wäldern
Euch nach der Heimathberge Grün,
Nach Deutschland's gelben Weizenfeldern,
Nach seinen Rebenhügeln zieh'n!

Wie wird das Bild der alten Tage
Durch eure Träume glänzend weh'n!
Gleich einer stillen, frommen Sage
Wird es euch vor der Seele steh'n.

Der Bootsmann winkt! — Zieht hin in Frieden!
Gott schütz' euch, Mann und Weib und Greis!
Sei Freude eurer Brust beschieden,
Und euren Feldern Reis und Mais!

Freiligrath.

200. Bleibet im Lande!

Bleibet im Lande und nähret euch redlich,
Rücket zusammen und füget euch fein.
Machte nur keiner zu breit sich und schädlich,
Wäre das Land nicht für alle zu klein.
Aber wo alle sich drängen und reiben,
Da ist für Menschen im Land nicht zu bleiben,
Flösse das Land auch von Milch und von Wein.
Ist denn nicht Schwaben ein fruchtbarer Garten,
Eine gesegnete Weide die Schweiz?
Wollen die Gärtner der Reben nicht warten,
Fasset die Hirten der Wanderschaft Reiz?
Ueber den Meeren und nahe den Polen
Will sich da Schätze die Dürftigkeit holen,
Wo sie schon längst nicht mehr findet der Geiz?
Meinet ihr, draußen sei's besser auf Erden?
Ueberall ist es auf Erden jetzt schlimm.
Nicht an dem Land, daß es besser soll werden,
Liegt es, am Menschen, es liegt nur an ihm.
Betet zu Gott, daß sein Licht hier besieget
Diese Verkehrtheit, an welcher es lieget;
Sein sei die Lenkung, nicht euer der Grimm.

Ziehet im Grimm nicht, im Unmuth, von dannen,
Wendet der Heimath den Rücken nicht zu!
Will sich das Vaterland, soll sich's ermannen,
Wahrlich bedarf es der Männer dazu.
Aus der Verworrenheit gährendem Streben
Soll sich die Klarheit, die Ordnung erheben;
Bleibet, und wartet, und wirket in Ruh'.
Sehet! der Himmel im Land euch ernähren
Will er, er schenkt euch die Fülle des Korns.
Theilet euch nur in die reichlichen Aehren,
Trinkt nur verträglich, begnügsam des Borns!
Daß nicht an euch sich das Beispiel erneue,
Nicht als verworfenes Volk euch zerstreue
Rings in die Länder die Ruthe des Zorns.
Bleibet im Lande und nähret euch redlich,
Rücket zusammen und füget euch fein.
Mache nur keiner zu breit sich und schädlich,
So ist das Land nicht für alle zu klein.
Wollet euch selbst nur nicht drängen und reiben,
So ist für Menschen im Land noch zu bleiben,
Und es wird fließen von Milch und von Wein.

Rückert.

XIII.

Geschichte, Sagen, Fabeln &c.

---

201. Das Riesen-Spielzeug.

Burg Niedeck ist im Elsaß der Sage wohl bekannt,
Die Höhe, wo vor Zeiten die Burg der Riesen stand;
Sie selbst ist nun verfallen, die Stätte wüst und leer,
Du fragest nach den Riesen, du findest sie nicht mehr.

Einst kam das Riesenfräulein aus jener Burg hervor,
Erging sich sonder Wartung und spielend vor dem Thor,
Und stieg hinab den Abhang bis in das Thal hinein,
Neugierig zu erkunden, wie's unten möchte sein.

Mit wen'gen raschen Schritten durchkreuzte sie den Wald,
Erreichte gegen Haslach das Land der Menschen bald,
Und Städte dort und Dörfer und das bestellte Feld
Erschienen ihren Augen gar eine fremde Welt.

Wie jetzt zu ihren Füßen sie spähend niederschaut,
Bemerkt sie einen Bauer, der seinen Acker baut;
Es kriecht das kleine Wesen einher so sonderbar,
Es glitzert in der Sonne der Pflug so blank und klar.

Ein artig Spielding! ruft sie, das nehm' ich mit nach Haus!
Sie knieet nieder, breitet behend ihr Tüchlein aus,
Und feget mit den Händen, was da sich alles regt,
Zu Haufen in das Tüchlein, das sie zusammen schlägt;

Und eilt mit freud'gen Sprüngen, man weiß wie Kinder sind,
Zur Burg hinan und suchet den Vater auf geschwind:
Ei Vater, lieber Vater, ein Spielding wunderschön!
So Allerliebstes sah ich noch nie auf unsern Höh'n.

Der Alte saß am Tische und trank den kühlen Wein,
Er schaut sie an behaglich, er fragt das Töchterlein:
Was Zappeliges bringst du in deinem Tuch herbei?
Du hüpfest ja vor Freuden; laß sehen, was es sei.

Sie spreitet aus das Tüchlein und fängt behutsam an,
Den Bauer aufzustellen, den Pflug und das Gespann;
Wie alles auf dem Tische sie zierlich aufgebaut,
So klatscht sie in die Hände und springt und jubelt laut.

Der Alte wird gar ernsthaft und wiegt sein Haupt und spricht:
Was hast du angerichtet? das ist kein Spielzeug nicht!
Wo du es hergenommen, da trag es wieder hin,
Der Bauer ist kein Spielzeug, was kommt dir in den Sinn!

Sollst gleich und ohne Murren erfüllen mein Gebot;
Denn wäre nicht der Bauer, so hättest du kein Brod;
Es sprießt der Stamm der Riesen aus Bauernmark hervor,
Der Bauer ist kein Spielzeug, da sei uns Gott davor!

Burg Niedeck ist im Elsaß der Sage wohl bekannt,
Die Höhe, wo vor Zeiten die Burg der Riesen stand,
Sie selbst ist nun verfallen, die Stätte wüst und leer,
Und fragst du nach den Riesen, du findest sie nicht mehr.

Chamisso.

202. Das Kind im Korn.

Der Mittag glüht; es kühlt kein Wind
Der Schnitter sonngebräunte Stirne,
Die, rastend, in dem Kreis der Dirnen
Um Garbenreih'n gelagert sind.
Nur wenig fern den Schnittern steht
Ein Kind und blickt nach einer Stelle
Im Kornfeld hin, wo Well' an Welle
Des gold'nen Gottessegens weht,
Ob auch kein Lüftchen rings sich regt. —
Was weiß das Kind? — die Schnitter liegen
Und achten's nicht. Zwei Lerchen fliegen
Darüber hin. Das Korn bewegt
Und theilet sich, schnell folgt der Spur
Das Kind; hoch schmettert dort im Blauen
Das Lerchenpaar. Was gibts zu schauen?
Ein hold Geheimniß der Natur?
Neugierig drang das Kind hinein
In's dicht'ste Korn; da sieht's in Fülle
Cyanen unter gold'ner Hülle
Der hohen Halm', und zart und rein
Ein and'res Kind, von Angesicht
So wunderhold; es schläft und reget
Die Hand, daß sich das Korn beweget.
Das Bauernkind ersieht's und spricht:
„Lieb' Schwesterlein, was machst du hier?
O wach' doch auf geschwind; sonst mähen
Sie hier. Sie können dich nicht sehen,
Wie leicht zu Leid geschähe dir!"

Das fremde Kind erwacht und streicht
Die gold'nen Locken von den Wangen
Zurück und lächelt unbefangen;
Greift nach Cyanen, pflückt sie, reicht
Dem Bauernkind sie freundlich dar
Und sagt zu ihm: „Nicht wahr? die glänzen
Wie dort das Himmelblau? Zu Kränzen
Laß sie uns flechten, wenn die Schaar
Das Erntefest begeht. Ich weiß
Nicht allzuweit von hier 'ne Stelle,
Wo noch viel schön're blüh'n! Komm! Schnelle
Zeig' ich sie dir; auch steh'n im Kreis
Viel andre bunte Blumen dort;
Da können wir so recht uns schmücken,
Denn was wir seh'n, wir dürfen's pflücken.
O komm!" — Und mächtig hat dies Wort, —
Es klang so hold — das Bauernkind
Gleich wie mit weichem Arm umwunden;
Hin folgt's dem fremden, wo die bunten,
Die schönen andern Blumen sind.
So dringen sie durch's Korn voran;
Da wachsen immer höher, mächt'ger
Die Halm', daß lautres Gold nicht prächt'ger
Im Sonnenscheine glänzen kann.
Schon wölben, schlanken Bäumen gleich,
Die Halme sich; darunter wallen
Die Kinder, wie in luft'gen Hallen
Und kommen in ein Blumenreich.
Da leuchtet wie ein reiner Stern
Der Kelch jedweder Wunderblüthe;
Doch hehrer strahlt das Aug' voll Güte
Des ew'gen Gärtners drin, des Herrn.
„Willkommen!" spricht er, „blühe jetzt,
O Kind, bei Blumen aller Arten,
Die hier verpflanzt in meinen Garten,
In neuen Boden sind versetzt."

Und wie die Schnitter an den Ort
Hinkommen, wo der Halme Wehen
Das Kind geschaut, und weiter mähen,
So finden sie es schlummernd dort;
Das Haupt bekränzt, die Wangen roth,
Und um die Lippen sel'ges Lächeln,
Und laue, linde Lüft' umfächeln
Des Kindes Schlummer. Ist es todt?
O weinet nicht! Es ging nur heim!
Dies ist das rechte Wort für Sterben!
Daß er ihn rette vor Verderben,
Verpflanzt der Gärtner früh den Keim. —
In Blumen ward, und mit Gewind
Von buntem Band, hold anzuschauen,
Am Erntefest beim Abendgrauen
Hinab gesenkt das Bauernkind.

Eduard Duller.

203. Das Feuer im Walde.

Zween Knaben liefen durch den Hain,
Und lasen Eichenreiser auf,
Und thürmten sich ein Hirtenfeu'r,
Indeß die Pferd' im fetten Gras'
Am Wiesenbache weideten.
Sie freuten sich der schönen Gluth,
Die wie ein helles Osterfeu'r
Gen Himmel flog, und setzten sich
Auf einen alten Weidenstumpf.

Sie schwatzten dies und schwatzten das,
Vom Feuermann und Ohnekopf,
Vom Amtmann, der im Dorfe spukt,
Und mit der Feuerkette klirrt,
Weil er nach Ansehn sprach und Geld,
Wie's liebe Vieh die Bauern schund,
Und niemals in die Kirche kam.
Sie schwatzten dies und schwatzten das,
Vom sel'gen Pfarrer Habermann,
Der noch den Nußbaum pflanzen thät,
Von dem sie manche schöne Nuß
Herabgeworfen, als sie noch
Zur Pfarre gingen, manche Nuß.
Sie segneten den guten Mann
In seiner kühlen Gruft dafür,
Und knackten jede schöne Nuß
Noch einmal in Gedanken auf.
Da rauscht das dürre Laub empor,
Und sieh, ein alter Kriegesknecht
Wankt durch den Eichenwald daher,
Sagt: Guten Abend, wärmet sich,
Und setzt sich auf den Weidenstumpf.
Wer bist du, guter alter Mann?
Ich bin ein preußischer Soldat,
Der in der Schlacht bei Kunnersdorf
Das Bein verlor, und leider Gott's!
Vor fremden Thüren betteln muß.
Da ging es scharf, mein liebes Kind!
Da sauseten die Kugeln uns
Wie Donnerwetter um den Kopf!
Dort flog ein Arm, und dort ein Bein!
Wir patschelten durch lauter Blut,
Im Pulverdampf! Steht, Kinder, steht!
Verlasset euren König nicht!

Rief Vater Kleist; da sank er hin.
Ich und zwei Bursche trugen flugs
Ihn zu dem Feldscher aus der Schlacht,
Laut donnerte die Batterie!
Mit einmal flog mein linkes Bein
Mir unterm Leibe weg! — O Gott!
Sprach Hans, und sahe Töffeln an,
Und fühlte sich nach seinem Bein:
Mein Seel! ich werde kein Soldat,
Und wandre lieber hinterm Pflug.
Da sing' ich mir die Arbeit leicht,
Und spring' und tanze, wie ein Hirsch,
Und lege, wenn der Abend kommt,
Mich hinter'n Ofen auf die Bank.
Doch kommt der Schelmfranzos zurück,
Der uns die besten Hühner stahl,
Und unser Heu und Korn dazu;
Dann nehm' ich einen rothen Rock,
Und auf den Buckel mein Gewehr!
Dann komm' nur her, du Schelmfranzos!
Hans, sagte Töffel, lang' einmal
Die Kiepe her, die hinter dir
Im Riedgras steht, und gib dem Mann
Von unserm Käs' und Butterbrod,
Ich samml' indessen dürres Holz;
Denn sieh, das Feuer sinket schon.

Hölty.

204. Der Fürst und der Landmann.

....

Der Fürst ritt auf die Jagd und ward durch ein Gewitter
Getrennt vom stattlichen Geleite seiner Ritter.

Er fand zum erstenmal, woran er nie gedacht,
Ohnmächtig selber sich in eines Höhern Macht.

Ihm war nun Heer und Hof und Herrschaft ohne Nutz,
Er suchte gegen Sturm im offnen Felde Schutz;

Er spähte weit umher und sah mit halber Freude
Zuletzt ein ländliches, unscheinbares Gebäude.

Mit Unmuth trat er ein in's nieb're Hüttenbach;
Mit seiner Tochter saß ein Vater im Gemach.

Der alte Vater herb, ein Landmann starr und spröde,
Die junge Tochter mild, ein Landkind hold und blöde;

Als ob ein alter Dorn mit rauhbemoos'tem Nacken
Die schönste Rose trüg' als Schmuck an seinen Zacken.

Der Fürst gewahrte nicht die Rose duftumschwommen,
Und hört' es kaum, wie ihn der Vater hieß willkommen.

Der Tochter winkte der, die sich mit Anstand schürzte,
Dem Gast ein Mahl auftrug und es mit Anmuth würzte.

Das Mahl blieb unberührt, der Gast stumm und verdrossen,
Die Würze merkt er nicht, sonst hätt' er es genossen.

Er dacht' im stillen Kreis an seinen lauten Troß,
Und aus der nackten Hütt' in sein vergoldet Schloß.

Da trat am Abend ein des Bauern Knecht, der Hirte,
Und um der Heerde Stand ward er befragt vom Wirthe.

Er sprach: die Heerde war noch nie in schlimmerm Stande,
Die Nahrung scheint ihr nicht mehr anzustehn im Lande.

Die Euter alle sind versiegt, es hilft kein Füttern,
Den eig'nen Lämmern wird kein Trunk von ihren Müttern.

Der alte Landmann wiegt sein Haupt erstaunt: Versiegt
Die Euter auf einmal! Wer sagt, woran das liegt?

Da hebt die Tochter an: Es liegt allein daran,
Daß nicht des Fürsten Herz dem Land ist zugethan.

Denn wo nicht zugethan der Himmel ist der Erde,
Allda verschmachten muß aller Lebend'gen Heerde;

Und also, wo der Fürst in Liebe nicht dem Land
Ist zugethan, das ihm vertraut des Himmels Hand.

Der Alte sprach: Was bleibt dann übrig, als zu wandern
Aus einem Land, das Gott verlassen hat, zum andern?

Geh', Hirte, gib dem Vieh hier seine letzte Rast!
Und du, o Tochter, trag' dein letztes auf dem Gast!

Wir haben manchen hier gespeiset und getränket;
Nun schaffe, daß mit Dank es dieser uns gedenket!

Wir werden keinen Gast hier tränken mehr und speisen;
Wer weiß, im fremden Land wer uns es wird erweisen?

Da sah der Fürst sie an, die sich mit Anstand schürzte,
Ein neues Mahl auftrug und es mit Anmuth würzte.

Das Mahl blieb unberührt; doch, wenn er's nicht genoß,
Nicht war es, weil er dacht' an sein vergoldet Schloß;

Vielmehr weil er an's Wort, das sie gesprochen, dachte;
Von dem zuerst die Lieb' in seiner Brust erwachte;

Die Liebe für sein Land, mit welcher Hand in Hand
Vielleicht noch eine ging, die er sich nicht gestand.

Zum Herzen sprach er: Weh dem Trotz, der dich bethörte,
Der wie ein Fluch das Glück unschuld'ger Hütten störte!

Daß so der Segen fehlt, wo Liebe nicht vermählt
Dem Land des Fürsten Herz, warum blieb mir's verhehlt?

Er dachte nach, da trat von neuem ein der Hirte,
Und um der Heerde Stand ward er befragt vom Wirthe.

Er sprach: die Heerde hat sich anders nun besonnen;
Der Mütter Euter schwillt und füllet alle Tonnen.

Wetteifernd lassen sie die Milch im Kübel schäumen;
Sie haben offenbar nicht Lust, das Land zu räumen.

Der alte Landmann lenkt den Blick, den er gesenkt,
Der sinn'gen Tochter zu, die wohl weiß, was er denkt.

Und lächelnd hebt sie an: Das liegt gewiß daran,
Daß nun des Fürsten Herz dem Land ist zugethan.

Denn wo nur zugethan der Himmel ist der Erde,
Da nähret sich mit Lust aller Lebend'gen Heerde.

Und also wo der Fürst in Liebe seinem Land
Ist zugethan, das ihm vertraut des Himmels Hand.

Der alte Landmann spricht: Der Himmel sei gepriesen,
Daß er zu rechter Zeit dem Land die Huld erwiesen.

Das Land zu räumen wird nun keine Noth uns bringen;
Doch wer wird unsern Dank dem Fürsten hinterbringen?

Ich seh' an dir, mein Gast, nachdem dir am Gewand
Der Regen trocknete, du bist von edlem Stand.

Bring' morgen, wenn du ziehst, die Kund' in's Fürstenhaus;
Heut' aber ruh' vergnügt in Bauernhütten aus.

Rückert.

205. Zu Thaer's Jubelfeste den 14. Mai 1824.

Wer müht sich wohl im Garten dort
Und mustert jedes Beet?
Er pflanzt und gießt und spricht kein Wort,
So schön auch alles steht.
Das er gepfropft und oculirt
Mit sich'rer kluger Hand,
Das Bäumchen zart, ist anspalirt
Nach Ordnung und Verstand.

Doch sagt mir, was es heißen soll?
Warum ist er so still?
Man sieht, ihm ist der Kopf so voll,
Daß er was andres will.
Genug ihm wird nicht wohl dahier,
Ich fürcht' er will davon,
Er schreitet nach der Gartenthür
Und draußen ist er schon.

Im Felde gibt's genug zu thun,
Wo der Befreite schweift;
Er schaut, studirt und kann nicht ruh'n
Bis es im Kopfe reift,

Auf einmal hat's der Bieb're los
Wie er das Beste kann:
Nicht ruhen soll der Erdenkloß,
Am wenigsten der Mann!

Der Boden rührt sich ungesäumt
Im Wechsel jedes Jahr,
Ein Feld so nach dem andern keimt
Und reift und fruchtet baar;
So fruchtet's auch von Geist zu Geist
Und nutzt von Ort zu Ort.
Gewiß ihr fragt nicht wie er heißt,
Sein Name lebe fort!

Göthe.

206. Rheinsage.

Am Rhein, am grünen Rheine,
Da ist so mild die Nacht,
Die Rebenhügel liegen
In gold'ner Mondenpracht.

Und an den Hügeln wandelt
Ein hoher Schatten her
Mit Schwert und Purpurmantel,
Die Kron' von Golde schwer.

Das ist der Karl, der Kaiser,
Der mit gewalt'ger Hand
Vor vielen hundert Jahren
Geherrscht im deutschen Land.

Er ist herauf gestiegen
Zu Aachen aus der Gruft,
Und segnet seine Reben,
Und athmet Traubenduft.

Bei Rüdesheim da funkelt
Der Mond in's Wasser hinein,
Und baut eine gold'ne Brücke
Wohl über den grünen Rhein.

Der Kaiser geht hinüber,
Und schreitet langsam fort,
Und segnet längs dem Strome
Die Reben an jedem Ort.

Dann kehrt er heim nach Aachen,
Und schläft in seiner Gruft,
Bis ihn im neuen Jahre
Erweckt der Trauben Duft.

Wir aber füllen die Römer,
Und trinken im gold'nen Saft
Uns deutsches Heldenfeuer
Und deutsche Heldenkraft.

Geibel.

207. Die Geisterkelter.

Zu Weinsberg, der gepries'nen Stadt,
Die von dem Wein den Namen hat,
Wo Lieder klingen schön und neu,
Und wo die Burg heißt Weibertreu:

Bei Wein und Weib und bei Gesang
Wär Luthern dort die Zeit nicht lang,
Auch fänd' er Herberg und Gelaß
Für Teufel und für Tintenfaß,
Denn alle Geister wandeln da;
Hört was zu Weinsberg jüngst geschah.

Der Wächter, der die Stadt bewacht,
Ging seinen Gang in jener Nacht,
In der ein Jahr zu Grabe geht
Und gleich ein andres aufersteht.
Schon warnt die Uhr zur Geisterzeit,
Der Wächter steht zum Ruf bereit:
Da, zwischen Warnen, zwischen Schlag,
Am Scheideweg von Jahr und Tag,
Hört er ein Knarren, ein Gebraus,
Genüber öffnet sich das Haus,
Es sinkt die Wand, im hohlen Raum
Erhebt sich stolz ein Kelterbaum,
Und um ihn dreht in vollem Schwung
Sich jauchzend, glühend Alt und Jung.
Und aus den Röhren, purpurhell,
Vollblütig, springt des Mostes Quell;
Ein sausend Mühlrad, tobt der Reih'n,
Die Schaufeln treibt der wilde Wein.
Der Wächter weiß nicht wie er thu,
Er kehrt sich ab, den Bergen zu:
Doch ob der dunkeln Stadt herein
Erglänzen die im Mittagsschein.
Des Herbstes gold'ner Sonnenstaub
Umwebt der Reben üppig Laub,
Und aus dem Laube blinkt hervor
Der Winzerinnen bunter Chor;

Den Trägern in den Furchen all'
Wächst über's Haupt der Trauben Schwall,
Die Treterknaben sieht man kaum,
So spritzt um sie der edle Schaum.
Gelächter und Gesang erschallt,
Die Peitsche klatscht, der Puffer knallt.
Wohl senkt die Sonne jetzt den Lauf,
Doch rauschen Feuergarben auf
Und werfen Sterne, groß und licht,
Dem Abendhimmel in's Gesicht.
Da bröhnt der Hammer dumpf und schwer,
Zwölfmal vom grauen Kirchthurm her.
Der Jubel schweigt, der Glanz erlischt,
Die Kelter ist hinweggewischt,
Und aus der stillen Kammer nur
Glimmt eines Lämpchens letzte Spur.
Der Wächter aber singet schon
Das neue Jahr im alten Ton,
Doch fließet ihm, wie Honigseim,
Zum alten Spruch manch' neuer Reim.
Er kündet froh und preiset laut,
Was ihm die Wundernacht vertraut,
Denn wenn die Geisterkelter schafft,
Ist guter Herbst unzweifelhaft.

Da klopft's ihm auf die Schulter sacht,
Es ist kein Geist der Mitternacht;
Ein Zechgesell, der keinen glaubt,
Begrüßt ihn, schüttelnd mit dem Haupt:
Der Most in deiner Kelter war
Vom alten, nicht vom neuen Jahr.

Uhland.

208. Sankt Hubertus.

O Waldesrauschen, hehrer Klang,
Du füllst mit ernster Lust,
Mit freudiger Erhebung wohl
Jedwedes Menschen Brust.

Ja, wem der Städte Staub und Gluth
Vertrocknet Hirn und Herz,
Er ziehe an ein Jägerkleid
Und wandle wälderwärts!

Ob matt sein Blick, er glühet auf
Im Morgenglanz der Höhn,
Ob bleich die Wang', sie röthet sich
Im frischen Laubeswehn.

Beglückt, beglückt der Jägersmann,
Dem all die Fülle lacht,
Des Frühroths thauerquickter Glanz,
Das stille Graun der Nacht!

Er lauschet ihr Geheimniß ab
Der schaffenden Natur,
Und geht mit einfach schlichtem Sinn
Auf ihrer nächsten Spur.

Ihn quält nicht wirre Träumerei,
Sein Kopf und Aug' ist hell,
Stets zieht er frohen Muths dahin
Und mit ihm sein Gesell.

Der treue Rüde ihm zur Seit',
Er liest in seinem Blick;
Und Beiden dehnt sich weit das Herz
Im stillen Waldesglück.

Drum war von jeher auch die Jagd
Dem Menschen lieb und werth,
Von Fürsten und gewalt'gen Herrn
Seit Alters hochgeehrt.

Und daß selbst heil'ge Männer ihr
Ergeben inniglich,
Als deutliches Exempel zeigt's
An Sankt Huberto sich.

Er, eines mächt'gen Fürsten Sohn,
Hat sich den wilden Forst
Zum steten Aufenthalt erwählt,
Gleichwie der Aar den Horst.

Dort zog er nun Tag ein Tag aus
Ein Nimrod, auf die Pürsch,
Der ries'ge Eber sank vor ihm,
Der windesschnelle Hirsch.

Doch als er einst — im Frühling war's,
Beim ersten Knospengrün —
An feuchtem Nebelmorgen that
Wie sonst zu Forste ziehn,

Und als er seinen mächt'gen Speer
Ausholend kraftvoll schwang
Auf einen weißen Edelhirsch,
Wie keiner stolz und schlank,

Da plötzlich stockt ihm Arm und Herz —
Im zackigen Geweih
Ein sanftumglänztes Christuskreuz,
Der Hirsch trägt's hoch und frei.

Der Hund sich scheu zu Boden duckt,
In's Knie der Jäger sinkt
Und mit gefalt'nen Händen er
Dem Wunder Huld'gung bringt.

Und plötzlich zuckt's durch sein Gemüth,
Daß heut Charfreitag sei,
Und daß ihn daran mahnen soll
Das Kreuzbild im Geweih.

Voll Demuth sich der Jägersmann
Dem heil'gen Zeichen beugt.
Von tiefempfund'nen Thränen ward
Das Aug' ihm heiß und feucht.

Den heil'gen Ort dem Herrn zu weih'n
Beschließt er schlicht und fromm,
Wo ihm, in Waldes Dunkelheit,
Solch Wunderlicht erglomm.

Im finstern Wald ein Kirchlein steht,
Hell klingt der Glöcklein Ton,
Dort lebend und im Tode weilt
Der Jäger Schutzpatron.

Rudolf Dehnike.

209. Die Bauern am Tissastrande.

Thörichte Freunde des todten Alten,
Fahrend in ausgeleierten Gleisen,
Tanzend nach verklungenen Weisen —
Möge dies Mährlein euch unterhalten.

Warme lebendige Lüfte wallen
Ueber dem schönen Magyarenlande,
In den Gebüschen die Nachtigallen
Singen entzückt am Tissastrande.
Fischlein, springend mit stillem Ergötzen,
Holen vom Lenz sich flüchtigen Kuß,
Fürchten sich nicht vor den silbernen Netzen,
Welche der Mond warf über den Fluß.
Brausend vor Freude münden die Quellen
Um das lenzbezauberte Land;
Weil es nicht blüh'n kann unter den Wellen,
Blüht es hier doppelt als üppiger Strand;
Weil es nicht singen kann unter den Wogen,
Singt es dafür hier doppelt so laut.
Liebestönen, schmachtend gezogen,
Lauscht des Sprossers glückselige Braut.
Rüstig rudern dort über die Wellen
Lustige Bauern mit Scherzen und Lachen.
Und die Zigeuner, ihre Gesellen,
Stimmen die Geigen bereits im Nachen,
Stoßen an's Land und eilen zur Schenke;
Weil so laut das heischende Rufen,
Springen die Wirthe schon mit dem Getränke
Ueber die finsteren Kellerstufen.

Um den Eichtisch sitzen die Alten,
Vor dem Tanze noch Schmauz zu halten,
Zum Abschnitt gereicht, in der Runde
Geht das köstliche Weizenbrod,
Und sie führen behaglich zum Munde
Feurigen Wein, tiefdunkelroth;
Wischen sich trocken und schieben zur Seite,
Daß er den Speisen den Weg nicht bestreite,
Schnurrbarts buschigten halben Kranz;
Braten und Schinken, warme und kühle,
Wandern geschwind in die knöcherne Mühle,
Dort die Jungen fliegen zum Tanz.

Hei! wie die Geigen singen und klingen!
Hei! wie die Hämmer des Cimbals springen
Ueber die Saiten frisch auf und nieder,
Pochender Herzschlag heimischer Lieder.
Himmel, wie jauchzen die Geigen so helle,
Schmetternd schreit Clarinette, die grelle,
Weinendes Klagen, Freudengekicher,
Schüttern im schroffen Wechsel die Luft,
Setzen gewaltig, keck und sicher
Ueber des Mißklangs drohende Kluft.
Alle die Töne, sie klettern, sie tanzen,
Wildverschlungen wie Urwaldspflanzen,
Wildhinfahrend wie schwelgende Flammen,
Aber der Brummbaß hält sie zusammen.

Kräftige Bursche tanzen im Saale,
Schwingen empor die hurtigen Weiber,
Werfen empor die blühenden Leiber
Hoch in die Luft, wie süße Pokale;
Drehen sie schnell im wechselnden Kreise
Nach der Musik beschleunigter Weise,

Wie der wirbelnde Strom den Kahn,
Wie ein Rosenblatt der Orkan.
Zitternd dröhnt die gestampfte Diele
Zu der Zigeuner mächtigem Spiele.

Auch die Alten sind aufgesprungen,
Als die beliebte „Werbung" erklungen,
Uralt immer willkommne Klänge,
Nie vergess'ne Ahnengesänge.
Was längst Asche ruht in den Grüften,
Tanzte und jauchzte bei diesen Tönen;
Von den Todten klingt in den Lüften,
Freudenvermächtniß den späten Söhnen.
Wie gebannt von den Geistern der Alten,
Wollen nichts Neues hören die Bauern,
Und der Zigeuner muß ausbauern,
Darf nicht wechseln noch innehalten.
Also tanzen sie Stund' auf Stunde
Immer zur alten beliebten Weise,
Bis die Zigeuner, müd zum Grunde,
Heimlich sich winken und — spielen leise,
Doch die Berauschten merken es nimmer,
Hören des Liedes Vollklang noch immer.
Leiser und leiser, bis zur Ersterbung
Hallt und verhallt die lustige Werbung;
Baß und Flöte, Cimbal und Geigen
Haben sich stille hinaus verloren,
Doch der Musik und des Weines Thoren,
Hören sie immer noch, springen den Reigen;
Springen ihn, bis der Sonnenschein
Strahlend bricht durch die Fenster herein,
Und der Wirth rings „guten Tag!"
Wünscht mit kräftigem Schulterschlag. —

Weithin das lachende Mährlein fliegt
Von den Thoren, die immer noch sprangen,
Während schon längst, erschöpft und versiegt,
Ihre Musik war heimgegangen.

Lenau.

210. Die Praxis und die Theorie oder der Fuchs und die Trauben.

Ein Fuchs, der auf die Beute ging,
Traf einen Weinstock an, der, voll von falben Trauben,
Um einen hohen Ulmbaum hing,
Sie scheinen gut genug, die Kunst war abzuklauben.
Er schlich sich hin und her, den Zugang auszuspäh'n;
Umsonst, es war zu hoch, kein Sprung war abzuseh'n.
Der Schalk dacht' in sich selbst: ich muß mich nicht beschämen.
Er sprach, und macht dabei ein hämisches Gesicht:
Was soll ich mir viel Mühe nehmen,
Sie sind ja sau'r und taugen nicht! — — —
So geht's der Wissenschaft, Verachtung geht für Müh.
Wer sie nicht hat, der tadelt sie.

v. Haller.

211. Die Schatzgräber.

Ein Winzer, der am Tode lag,
Rief seine Kinder an und sprach:
„In unserm Weinberg liegt ein Schatz;
Grabt nur darnach!" — „An welchem Platz?"
Schrie Alles laut den Vater an. —
„Grabt nur!" .. O weh! da starb der Mann.

Kaum war der Alte beigeschafft,
So grub man nach aus Leibeskraft.
Mit Hacke, Karst und Spaten ward
Der Weinberg um und um gescharrt.
Da war kein Kloß, der ruhig blieb;
Man warf die Erde gar durch's Sieb,
Und zog die Harken kreuz und quer
Nach jedem Steinchen hin und her.
Allein da ward kein Schatz verspürt,
Und jeder hielt sich angeführt.

Doch kaum erschien das nächste Jahr,
So nahm man mit Erstaunen wahr,
Daß jede Rebe dreifach trug.
Da wurden erst die Söhne klug,
Und gruben nun Jahr ein Jahr aus
Des Schatzes immer mehr heraus.

Bürger.

212. Die Wachtel und ihre Kinder.

Hoch wallte das goldene Weizenfeld
Und baute der Wachtel ihr lustig Gezelt.
Sie flog einst früh in Geschäften aus
Und kam erst am Abend wieder nach Haus.
Da rief der Kindlein zitternde Schaar:
„Ach Mutter, wir schweben in großer Gefahr!
Der Herr dieses Feldes, der furchtbare Mann,
Ging heut' mit dem Sohn hier vorbei und begann:
„Der Weizen ist reif, wir wollen ihn mäh'n,
Geh', bitte die Nachbarn, uns beizusteh'n."

„O!" sagte die Wachtel, „dann ist es noch Zeit;
Nicht flugs sind die Nachbarn zu Diensten bereit."
D'rauf flog sie des folgenden Tages aus
Und kam erst am Abend wieder nach Haus.
Da rief der Kindlein zitternde Schaar:
„Ach Mutter, wir schweben in neuer Gefahr!
Der Herr dieses Feldes, der furchtbare Mann,
Ging heut' mit dem Sohn hier vorbei und begann:
„Uns ließen die treulosen Nachbarn im Stich;
Geh' rings zu unsern Verwandten und sprich:
Der Vater läßt grüßen, und könnt' es gescheh'n,
So helfet ihm morgen sein Weizenfeld mäh'n."

„O!" sagte die Wachtel, „dann ist es noch Zeit;
Nicht flugs sind Verwandte zur Hülfe bereit."
D'rauf flog sie des folgenden Tages aus
Und kam erst am Abend wieder nach Haus.
Da rief der Kindlein zitternde Schaar:
„Ach Mutter, wir schweben in höchster Gefahr!
Der Herr dieses Feldes, der furchtbare Mann,
Ging heut' mit dem Sohn hier vorbei und begann:
„Uns ließen auch unsre Verwandten im Stich;
Ich rechne nun einzig auf dich und mich.
Wir wollen, wann morgen die Hähne kräh'n,
Selbander uns rüsten, den Weizen zu mäh'n.

„Ja!" sagte die Wachtel, „nun ist's an der Zeit;
Macht schnell euch, ihr Kinder, zum Abzug bereit.
Wer Nachbarn und Vettern die Arbeit vertraut,
Hat thöricht sein Haus auf Sand hin gebaut;
Doch wo den Meister macht eigene Hand,
Kommt sicher die Arbeit und schleunig zu Stand."

Die Wachtel entfloh mit den Kleinen geschwind,
Und über die Stoppeln ging Tags d'rauf der Wind.

Langbein.

213. Das Kutschpferd.

Ein Kutschpferd sah den Gaul den Pflug im Acker zieh'n,
Und wieherte mit Stolz auf ihn.
Wann, sprach es, und fing an, die Schenkel schön zu heben,
Wann kannst du dir ein solches Anseh'n geben?
Und wann bewundert dich die Welt?
Schweig, rief der Gaul, und laß mich ruhig pflügen,
Denn, baute nicht mein Fleiß das Feld,
Wo würdest du den Haber kriegen,
Der deiner Schenkel Stolz erhält?

Die ihr die Niedern so verachtet,
Vornehme Müßiggänger, wißt,
Daß selbst der Stolz, mit dem ihr sie betrachtet,
Daß euer Vorzug selbst, aus dem ihr sie verachtet,
Auf ihren Fleiß gegründet ist.
Ist der, der sich und euch durch seine Händ' ernährt,
Nichts bessers, als Verachtung werth?
Gesetzt, du hättest beff're Sitten:
So ist der Vorzug doch nicht dein,
Denn stammtest du aus ihren Hütten:
So hättest du auch ihre Sitten,
Und was du bist, und mehr, das würden sie auch sein,
Wenn sie wie du erzogen wären.
Dich kann die Welt sehr leicht, sie aber nicht entbehren.

Gellert.

214. Schlußwort zur Beherzigung.

Was du schürfst auf reichem Grunde,
Biete du der Menschheit dar!
Daß sie wächst zu jeder Stunde,
Höher steigt von Jahr zu Jahr.

Was ist reicher Erntesegen?
Was getheilt wird weit und breit;
Wenn auf allen Lebenswegen,
Gutes, Schönes reich gedeiht.

Alle sind dazu berufen,
Gottes Erde zu bebau'n;
Und an reichen Fortschritt's Stufen
Segen, Freude zu erschau'n.

W. Schmelzkopf.

www.ingramcontent.com/pod-product-compliance
Lightning Source LLC
Chambersburg PA
CBHW030015240426
43672CB00007B/952